Toucher

Le

Printemps

ADSO

Toucher

Le

Printemps

Le temps a ses joies qui reviennent inuléctablement : tu étais d'hier, tu seras de demain.

L'un des symboles du printemps est le phénix : *"Ma racine sera en contact avec l'eau, la rosée se posera, la nuit, sur mon branchage. Ma gloire se renouvellera sans cesse, et mon arc se rajeunira dans ma main."*[1] Job représente l'archétype du juste dont la foi est mise à l'épreuve par Satan, avec la permission de Dieu. Job sera sauvé de la misère et pourra glorifier Dieu dans tous ses printemps et les hivers, si durs qu'il a connu. Job est l'un des personnages bibliques le plus émouvant, mais aussi le plus exemplaire.

L'amour naît chaque instant, aussi imprévisible que la mer de Chypre (qu'Aphrodite connaît bien). Elle a été amenée par le vent d'ouest, le zéphyr sur les rivages de Chypre. Une tradition précise le lieu de naissance d'Aphrodite à l'endroit du littoral nommé Petra Tou Romiou : "Le rocher du grec". On dit que ce rocher fut jeté là par un titan qui l'aurait arraché au Pendactyle. La légende veut que si l'on s'y baigne à minuit un soir de pleine lune, on pourra vivre un amour éternel.

Pour beaucoup de croyants, le phénix est un symbole du Christ. Le Christ a ressuscité au bout de trois jours. Marie Magdala constate que le sépulcre est vide. Jésus apparaît ensuite à plusieurs reprises à plusieurs de ses disciples, dont les apôtres. Une part de Job et du Christ sont peut-être en nous : l'espoir, la loyauté, la fidélité, la foi, l'amour.

Le nouveau Phénix (né de la semence de son père) recueillait son cadavre dans un tronc de myrrhe creux et l'emportait en Égypte

---

[1] Jb, 29.19-20

septentrionale à Héliopolis, où il le déposait sur l'autel du temple du soleil pour qu'il y soit solennellement brûlé par les prêtres.

Mais le printemps, c'est aussi le moment où tous les oiseaux chantent, où toutes les fleurs poussent, où tous les fruits germent. C'est le symbole de la vie par la vie.

La nature se colore, chante et vibre comme le corps dun homme ou d'une femme épris de son premier amour. Quelquefois nous sommes un phénix, quand issu des larmes brille à nouveau le Soleil.

Ce soleil peut être un soleil nocturne puisque le ciel de nuit est aussi un ciel de printemps. Les nuits de printemps qui sont si douces se posent dans la mémoire des hommes comme un leitmotiv onirique, qui berce toutes les nuits d'hiver.

Bien souvent, pour exprimer le flux de la vie qui passe on utilise la formule *"il a connu quatre-vingt-quinze printemps"* … et non quatre-vingt-quinze hivers !

J'espère que ce petit recueil de poésie éclaircira votre automne et votre hiver et vous mènera à jouir pleinement du printemps 2020, qui je l'espère comme vous ne connaîtra pas de guerres ou de conflits, ou de catastrophes naturelles, au XXIe siècle nous avons connu trop d'abominations, peut-être est-ce le siècle de Job … Les étoiles parlent encore à certains devins et prophètes. Notre ère est associée aux armes nucléaires, au terrorisme, aux maladies et aux catastrophes naturelles. Les prédictions de Nostradamus terrorisent les gens. Cette année ne doit pas être considérée comme une phase destructrice mais plutôt comme une période propice à la création d'un nouveau système, une nouvelle ère d'éveil spirituel.

Éditions : BoD - Books on Demand
12/14 rond-point des Champs Élysées
75008 Paris
Imprimé par – Books on Demand, Nordestedt
ISBN : 9782322156931
Dépôt légal : november 2019

Ma seule source de vie
La nuit valse et je t'aime,
Car tes yeux dansent dans le cercle des étoiles
Et leurs larmes font une buée à mes voiles ;
Et je t'aime
Danse, chante, tourne, tournent farandoles
Pour boire dans un cercle bleu toutes tes paroles.

Tu es le matin qui sourit
Au lever de la vie.
Tu es le soir[2] qui murmure
Au silence des murs
Il y a toi.

Toi et les éclats
De chants, de sourires purs,
Où les soleils se lèvent
Et là montrent le rêve
Et la nuit

---

[2] Soir Ma'ariv est le premier mot 'significatif' de la prière du soir des juifs. Le mot ma'ariv dérive du mot erev, qui veut dire soir en hébreu, avec l'erev shabbat : la fête commence à la tombée de la nuit et se prolonge jusqu'au crépuscule du lendemain. L'Erev Shabbat fait donc partie intégrante du Shabbat. L'Erev Pessah sert notamment aux préparatifs du seder (rituel juif hautement symbolique propre à la fête de Pessa'h, visant à faire revivre à ses participants en particulier les enfants l'accession soudaine à la liberté après les années d'esclavage en Égypte des enfants d'Israël.)

Devient poésie[3].

Alors s'entremêlent
Et les astres et le feu
Dans un vent sucré aux parfums de miel.
C'est Faust[4], le magicien qui veut
Fermer dans son cœur les cris des Dieux.

La poésie, elle, garde la clé
Du matin, du soleil et de l'éternité
Et si elle n'est qu'amour[5]
C'est qu'elle tend vers le jour.

---

[3] L'objet littéraire qu'est la poésie est selon Todorov : « *le monde et l'homme dans leur intimité, dans l'infiniment grand et l'infiniment petit.* » réf. : A. Mignard, éditorial du n° spécial de la revue « Autrement ». Écrire aujourd'hui n°69, avril 1985, p.17. Celui qui crée cet objet littéraire est le poète. Mais qui est le poète ? Le poète est celui qui crée un langage, une expression de l'intimité. C'est le langage des passions, des rêves, des fantasmes et de l'inconscient. Ce langage a cela de particulier qu'il se plie à d'une part des règles, et à des figures de style, voilà tout l'art de Calliope (muse grecque de la poésie.) Doué d'inspiration divine, alchimique ou magique, le poète est un créateur, un démiurge qui fait sortir du néant cette œuvre vive qu'est le poème. La poésie est un autre langage : Celui de l'intimité, de l'imaginaire, de la mythologie.

[4] Le grand-père de Gœthe interprétait les rêves, sa mère écrivait et racontait des contes. Cet auteur s'est passionné pour la littérature ésotérique. Faust est un magicien de la tradition judéo-chrétienne. Il fait un pari avec Méphistophélès. Dans la huitième scène Faust boit un philtre lui procurant et jeunesse éternelle et philtre d'amour. Dans la vingtième scène Marguerite est arrêtée pour infanticide, dans la dernière scène, au cachot Faust lui propose de l'emmener, mais elle refuse, veut payer ses fautes, surtout lorsqu'elle voit Méphistophélès. Il se réjouit en croyant son âme damnée, mais au contraire des voix descendent du ciel disant que son âme est sauvée.

[5] Une des principales lois du judaïsme dicte d'aimer l'Éternel « *de tout son cœur, de toute son âme et de toutes ses forces.* » Dt, 6.5, « *Tu reconnaîtras donc en ta conscience que si l'Éternel, ton Dieu, te châtie, c'est comme un père châtie son fils.* » Dt, 8.5 Elle est régulièrement citée par les pratiquants lors de son *Chema Israël*, (« *écoute Israël* »), prière

Soit !

La lumière

"Dieu dit : "Que la lumière soit !

Et la lumière fut."[i]

Inondant la Terre, comme une immense clairière

Entre Dieu et sa création, le sourire nu

Pour oublier qu'à un moment,

Il y eut le vent

Terrible et froid qui emportait la parole.

Alors j'ai cherché ta nuit et ta farandole

Parce que la poésie

A dit

Dans mon cœur

Enfin reconnu, la saveur de ce tangible bonheur

Que la nuit avait laissé placé au jour

Avec tous ces prochains jours

Infini.

Alors, merci.

---

quotidienne. Un autre commandement concernant l'amour : « *Ne te venge ni ne garde aucune rancune aux enfants de ton peuple, mais aime ton prochain comme toi-même ; je suis l'Éternel ton Dieu.* » Lv, 19.18 Le judaïsme distingue trois types d'amour : physique, charnel, spirituel. L'amour physique, charitable et spirituel. L'amour physique est manifesté dans le récit de la création où Ève naît à partir d'une côte d'Adam. C'est également un amour qui se démontre par des actes, ainsi que l'écrit Jill Murray : « *l'amour est un comportement.* » Ce comportement implique la Tsedaka, charité pratiquée par les juifs. D'après l'essai sur la Bonté de Rav Eliashou Dessier « *donner nous conduit à aimer.*» La Tsedaka est une cause de l'amour et non pas une conséquence. Ainsi se comporter de manière juste, notamment en respectant les mitsvot et les lois, permet de manifester son amour envers Dieu et son prochain.

Toi, poésie tu partages mes ombres, mes soleils : mon tout
Et je parle ta langue, de ma bouche à ton cou
Je te parle, je sens toute ta sensualité
Et souvent, tu deviens le plaisir pénétré et parfait
Alors, tu t'appelles volupté.[6]

Les mots sont tous les ruisseaux que boivent ta bouche
Lorsqu'avec la plume et le papier, vers toi, je couche
Les mots érotisés de mon intimité
Ta vision est plus puissante que toute la voix lactée
Étoile, qui souvent surprend le zénith[7]
Tu culmines au gré de mon vent, et dans le simple roseau, j'habite
Ton bois se chauffe à l'éventard de ma poésie
Dans ta simplicité, j'ai choisi :
L'amplitude partagée par tes bras
Ton regard qui me parle tant et se pose sur moi
Que je ne peux soutenir
Et qui me fait rougir
Parce que le plaisir devient plaisirs ;
De cet arc-en-ciel qui est toi
Et qui sourit sous la pluie de mon corps.

---

[6] « *La volupté voulant une religion, inventa l'amour.* » de Barney Natalie Clifford, *Pensées d'une amazone*, Wentworth Press, 9 février 2019, 286 p.
[7] Ce mot vient d'un mot arabe samt signifiant chemin droit : « point où la verticale, qui s'élève du lieu de l'observateur, perce la sphère céleste au dessus de l'horizon. C'est l'opposé d'un nadir (qui vient de l'arabe nazīr signifiant opposé) : point du ciel, directement au terme d'une ligne verticale qui partirait des pieds de l'observateur et, passant par le centre de la terre, se prolongerait à l'infini. » Jean Chevalier, Alain Gheerbrant, Dictionnaire des symboles, Éditions, Robert Laffont S.A. et Éditions Jupiter, 1982, 1060 p., p.1035.
[7] Le lierre est une plante vivace, elle est le symbole

En cet instant, les lumières explosent vers l'au-delà
Et mon sang t'appelle pour communier dans l'or
D'un printemps
Qui se balade et prend son temps.
La denière lumière, nous éclairera
Et nous engloutira dans cet océan
Que savent si bien se donner les amants.
Et, cette poésie quotidienne continuera de faire vivre les roses
Qui tel un lierre[8] s'attache à nos corps et toutes ces choses
Qui prennent forme sous la lyre d'Orphée
Sous les doux vents de la Grèce éternisée
Dans les visages et les forces de ces dieux olympiens
Titans ou êtres (de la nature) païens.

J'ai souvent cherché où va dormir la licorne quand tombe le soir
Elle pose derrière elle des cercles de lumière or dans le noir
Elle danse avec les elfes[9] et les farfadets[10]

---

[8] Le lierre est une plante vivace, elle est le symbole de la longévité, et particulièrement de l'amour constant. Le lierre qui embrasse les arbres est aussi adopté comme symbole de l'amitié. Plante sacrée, très respectée des druides, il est un symbole puissant de force vitale et d'énergie : "*Dans les mariages druidiques, on reliait quelquefois les poignets des mariés avec une liane de lierre dans le but de renforcer leur amour*" (Florence Laporte, *Les plantes des druides*, Fleurus, 2017, p.71.

[9] Créature légendaire anthropomorphe dont l'apparence, le rôle et la symbolique peuvent être très divers. À l'origine, il s'agissait d'êtres de la mythologie nordique, dont le souvenir dure toujours dans le folklore scandinave. Les elfes étaient originellement des divinités mineures de la fertilité. Avec J.R. Tolkien, ils deviennent des êtres d'apparence jeune et de grande beauté, vivant le plus souvent dans des forêts, considérés comme immortels et dotés de pouvoirs magiques, et se distinguant physiquement des humains par leurs oreilles pointues et une apparence plus svelte.

[10] Le farfadet ou parfois le fadet ou feu follet est une petite créature légendaire du folklore français souvent espiègle.

Et regarde les fleurs pousser dans les rêves des enfants en secret
Souvent dans le clair obscur de la magie de la nuit.
Là où les fées jouent avec les diamants et sont de plus en plus jolies
Dans ces nuits là, il n'y a pas un enfant qui pleure !
Et chaque silence s'incarne dans le bonheur

Et les poètes se mettent à rêver de l'aube à l'aurore
Déclinant les mots d'un espoir tremblant sous les feuilles d'or
Les statues grecques s'animent d'un souffle nouveau
Et c'est la vie, qui jaillit du marbre le plus beau
Et dans les temples grecs viennent rugir
Les écumes bleues d'un océan jamais oublié
Alors le philosophe n'a plus peur de mourir
Puisqu'il porte en lui l'amour de la vérité

La beauté jaillit du bois plaqué d'ivoire pour représenter la chair
Et l'or pour présenter les vêtements ordinaires et extraordinaires.
Les exemples les plus connues
Sont les statues perdues
D'Athéna Parthénos à Athènes
La déesse reine
Ou de Zeus à Olympie
Toutes deux réalisations de Phidias[11], sculpteur de génie.

---

[11] Les sept merveilles du monde antique : La pyramide de Khéops, les jardins suspendus de Babylone, la statue de Zeus, le mausolée d'Halicarnasse, le temple d'Arthémis, le colosse de Rhodes, le phare d'alexandrie.
Les sept merveilles du monde moderne : la grande muraille de Chine, Pétra en Jordanie, la statue du christ rédempteur à Rio de Janeiro, le machu Picchu, le site archéologique du Chichén itzá au Mexique, le colisée de Rome, le Taj Mahal

Le génie permet la délivrance des forces
Et la simplicité regarde pousser l'écorce
Mais qu'en est-il du simple génie
Celui qui te parle en regardant la nuit
Et te parle de la beauté des étoiles
Et qu'il ne fait plus jamais mal ?
Il y a l'éternel, le distinct et le fatal.
La poésie lutte contre la fatalité
Pour le seul spectacle de la vérité.

La vérité du poète c'est parfois de sourire
Et de pleurer en même temps
Parce que les mots chantent l'avenir
Et que l'avenir comprend tous les vents[12]
Et toi, là-bas au bout de l'horizon sens-tu le frimas de mes mots ?
J'espère que tu m'entends, le matin quand il se fait tôt
Et la nuit, pour revenir dormir près de toi, bientôt.
Ma poésie longe avec toi, tous les murs de ta vie
Explose en milliers de fleurs, ton esprit
Ta maison devient toujours bleue
Et ton cœur me serre quand il regarde mes yeux.
Ma seule prière est de pouvoir t'écrire chaque jour
Puisque toi seul, comprends mes moments d'amour.

---

[12] Le vent est le mouvement au sein d'une atmosphère ; il a inspiré dans les civilisations humaines de nombreuses mythologies ayant influencé le sens de l'histoire. Beaucoup de traditions religieuses personnifient le vent : Éole, Borée, Euros, Notos et Zéphyr, Fūjn, Chi Po, Amon, Kirk, Quetzalcoál, Marouts.

Tu es plus précieux que tous les poèmes
Tu es le seul homme qui sait dire "je t'aime"
Avec encore tous les mots des poètes les plus anciens
Ceux qui ont grandi dans ton jardin
Et dont les parfums ne cessent de conquérir mon âme
Et j'accepte cette victoire, et en son nom je réclame
La paix, la justice, l'équité universelles,
Le rêve des oiseaux ouvert dans le ciel.
Sais-tu que la colombe qui veille
Chacun de mes sommeils
Est venu se poser ce matin au bord de ton lit ?
Tu es mon premier mot, mon premier oui.
Tu contiens dans tes mains

Tout ce qui devient certain.
Toute la mélodie de ma poésie.

Avec amour, rêve et folie
Elle te caresse de douceur
Elle t'enveloppe de toutes mes lueurs.
Tu es l'unique direction
De mes sensations.
Sans toi, je ne suis qu'un corps
Avec toi, m'habitent des rêves d'or.

En pensant au soleil, j'en appelle à la Lumière[13]
En pensant à la lumière, j'en appelle au Soleil
Et cette rencontre de clarté… sous la pluie de la terre
Ramène le matin à ses premières merveilles.

Et tourne et farandole,
La nuit des rossignols[14]
Et danse et voltige,
Et…les étoiles laissent leurs vertiges.

C'est exactement le premier arc-en-ciel
Et ce sera elle, la plus belle dame
Qui chanterait et goûterait tout le miel[15]
La rencontre du sucre et de la flamme.

---

[13] La lumière, y compris ces rayonnements invisibles, transporte une grande partie de l'énergie solaire jusqu'à la surface de la terre et maintient l'équilibre de l'environnement naturel, avec la régénération de l'oxygène par la chlorophylle des plantes. La lumière a une forte valeur symbolique, permettant de percevoir les objets avant de les toucher, elle s'associe dans toutes les cultures humaines, à la connaissance, tandis que l'opposition entre lumière et ténèbres se relie à celle entre vie et mort et entre bien et mal. La propriété de la lumière de se transmettre à distance sans support matériel alimente une métaphore ancienne qui s'associe aux idées.

[14] Le rossignol philomèle est réputé pour son chant, aux sonorités variées et harmonieuses. Par analogie, on parle de rossignol pour désigner : un animal qui évoque le rossignol par son chant, une personne qui chante admirablement, un poète lyrique de talent.

[15] Le miel est un symbole important des cultures et religions antiques, jusque dans le christianisme lui-même. Symbole de douceur dans le judaïsme, il est aussi associé au don de la prophétie tant pour les grecs, que dans la Bible. Jean-le-Baptiste se nourrit de miel, et Samson en trouve dans la carcasse d'un lion. La parole de Dieu est également comparée au miel. Il est également l'emblème de la science et de la poésie.

Cette lumière me rapproche de ce soleil[16]
Et c'est promis, j'irai jusqu'au ciel, pareil
À Cette rencontre à la fois midi
Cette rencontre à la fois minuit[17].

Pour retrouver confiance,
J'en appelle au soleil
Pour retrouver confiance
J'en appelle à la lumière du ciel.
Qui brille sous un regard confidentiel et presque pareil
À une aurore confidentielle
Et j'attends la nuit en même tant que le jour,

Parce que la lumière est amour
Et que toute cette lumière a eu envie
De donner vie.
Laisse-moi t'aimer, te dompter, te garder… te toucher,

---

[16] Le soleil existe depuis 4603 milliards d'années. Il est une étoile de type naine jaune ; le soleil fait partie de la galaxie appelée la voix lactée. Autour de lui gravitent la Terre (à la vitesse de 30kms/s), sept autres planètes, au moins cinq planètes naines, de très nombreux astéroïdes et comètes et une bande de poussière. Il faut 8 minutes et 19 secondes pour que la lumière du Soleil parvienne jusqu'à la Terre. Souvent le Soleil représente le pouvoir. Cet astre donne la vie et si le Soleil venait à disparaître, ou même si ses rayons ne nous parvenaient plus, la vie s'éteindrait sur la Terre, d'où le symbole de vie (donneur de vie). Soleil est aussi employé par métaphore en poésie pour « *jour, journée* » et par analogie aux sens de plein jour.

[17] 12e heure à partir de midi moyen. Moment auquel le centre du soleil coïncide avec le méridien opposé au méridien du lieu. À l'arrivée de l'été en Laponie, la glace fond et la lumière prend le dessus. Tout pousse, la vie renaît ; les oiseaux chantent de manière ininterrompue. La saison propre au soleil de minuit dure près de cent jours.

Toi lumière, toi amour : je t'appelle vérité ?
Et le feu pénètre le Sacré
Comme le sacré devient éternité...

Grâce à la lumière, qui de ses ailes
Atteint le cœur, nos pensées les plus belles.
Et je serai ce voyageur de la rencontre à la lumière
Pour les déposer à genoux à terre !

Alors, la nuit, pleine de pénombres s'éclaircira tout doucement
Et la rencontre se fera en fête, en farandoles, en jeux galants
Qui parmi les fleurs, montera au ciel
Rejoindre le ciel de ton ciel.

Nous avons tous une part du même ciel
Tu es mon seul rêve existentiel,
Tu es la clé qui scande mes sommeils.
Mais à chacun, sa merveille.
Et si j'ai choisi la lumière
C'est à cause de la prière.

Première prière, parce que premier amour
Et premier chagrin
Première des premières, chante le tendre jour
Et recherche chaque matin.

De la lumière à la lumière
L'obscurité peut s'éloigner.

De la lumière à la lumière
La rencontre se fera au parvis des secrets[18].
Et les cathédrales continueront les nuits à chanter
Pour briller, exulter et tout recommencer :
La vie des saints et des apôtres ne se taira jamais.

Secret plein de lumière
Conduit moi aux aubes
Ta couleur de voile et de pierre,
Tu me verras dans ma première robe.

Et je chercherai sa couleur,
Au premier champ
Des premières lueurs,
Dans tes cheveux, il y aura un peu de ce vent[19]

---

[18] Un secret (du latin secretus) est une information, ou un savoir qui se trouve soit caché, soit inaccessible. Il a de nombreuses implications métaphysiques dans l'imaginaire de la langue lié au problème de la connaissance et de l'initiation. Il est souvent synonyme de « mystère » et enveloppe la connaissance, inaccessible, d'une aura parfois irationnelle.

[19] Le vent a inspiré dans les civilisations humaines de nombreuses mythologies ayant influencé le sens de l'Histoire. Beaucoup de traditions religieuses personnifient le vent. Dans la Grèce antique (le joueur d'Aulos, appelé « aulite » avait un rôle central dans les sacrifices. Il était une des grandes vedettes des jeux panhelliniques et détient le rôle de chef dans l'orchestre antique), dans la mythologie japonaise, chez les chinois, chez les Égyptiens, chez les celtes, chez les Toltèques, chez les djinns : esprits immatériels de la civilisation arabe. Le saint-esprit dans la théologie chrétienne s'est manifesté parfois par un vent. Saint Jean a dit : « *Le vent souffle où il veut tu entends sa voix, mais tu ne sais ni d'où il vient ni où il va.* » Enfin Ella Bonin dit : « *D'ailleurs, parce que le vent, comme on dit, n'est pas à la poésie, ce n'est pas un motif pour que la poésie ne prenne pas son envol. Tout au contraire des vaisseaux, les oiseaux ne volent bien que contre le vent. Or la poésie tient de l'oiseau.* » (Ella Bonin, « *À la volée, une éternité* », Édition du Panthéon, coll.Poésie, 2017 à propos de Victor Hugo.)

Qui rend les enfants épris de ton rire[20]
Toi qui les portes, aux portes de l'avenir.

Ensemble, allons au fin fond des océans
Les poissons sont souvent des diamants
Qui glissent entre ta main et ma lumière
Et cette rencontre magnifique devient et première et dernière.
Tu es le commencement
Le sable, le vent
Dans tes bras, j'irai toucher le printemps
Si tu veux bien devenir mon amant …
Pour qu'enfin ces bras dont je rêve m'envahissent dans la clarté
Infinie, inconnue, incomparable, admise au rang des secrets.
Que m'auront porté les fleurs de l'éternité ;
Qui a commencé le jour où je t'ai rencontré
Tu m'as totalement fascinée,
Emportée sur tes lèvres sucrées, salées
Et ce sera de ma vie, l'ultime et certain baiser
Dans tes bras, j'irai à la rencontre de cette vérité
Qui a embrasé

---

[20] Le rire est étroitement lié à son contraire émotionnel, les pleurs avec qui il peut parfois se retrouver mélangé. Il apparaît chez l'être humain aux alentours du 4e ou 5e mois. Le philosophe italien Angelo Fortunato Formiggini est docteur d'une thèse *La philosophie du rire*, (Note ed appunti, Bologna, CLUEB, 1989-230 pages) où il affirme que le rire rend fraternellement solidaires les hommes. Il crée *La casa del ridere*. Certains psychologues comportementaux objectent que le vrai rire nécessite des prérequis tels que la conscience de soi ou l'aptitude à s'identifier à autrui, et qu'en conséquence les animaux ne rient pas vraiment de la même manière que l'humain. Cette conception du rire se rapporte plus particulièrement à l'humour qu'au rire en général et que c'est donc l'humour qui serait le propre de l'homme et non le rire en lui-même.

Les plus fous amants
Et nous sommes issus de ce vent…
Au centre de ces vents il y a la plus simple boussole
Qui te montrera mes sensations douces et folles
Que de t'avoir aimé une nouvelle fois
À la rencontre des rois.

Toujours, je rencontre ta lyre et ta poésie
Qui me font gravir les escaliers d'une joie infinie
À chaque marche, il y a ton sourire
Qui à lui seul est source de grand plaisir.
Avec toi, j'ai rencontré la poésie
Un cadeau, un don de ton amour infini.
Tous les recueils du monde ne suffisent pas à écrire ton prénom
DAVID, mon amour pour toi, dépasse l'imagination …
Avec toi, je rencontre la lumière
Qui provient des vents fleurissant la mer.
Le sable ne sera jamais aussi doux que ton visage
Et ta voix, le florilège des nuages
Qui passent dans mes yeux
Et que je capture dans mes cheveux !
Chaque instant de ma vie, je rencontre ta superbe beauté
Tu es mon unique adoré.

Te voir, ressemble à cette lumière quand l'horizon[21] arrive
Bleu nuit et or jour, émanent libres, sans dérives

---

[21] Conceptuellement, l'horizon est la limite de ce que l'on peut observer, du fait de sa propre position en situation. Ce concept se décline en physique, philosophie, communication, et bien d'autres domaines. L'horizon cosmologique est la limite de

Je trouve tout cela, dans ta puissance simple et douce
Nous finirons bien, par nous aimer sur la mousse
D'un été aux parfums de l'éternité
Ou d'une neige blanchie aux *tois étoilés*.

Tu es ce printemps permanent
Ce perpétuel regain de temps
Qui vole tous mes sourires
Jusqu'à ce qu'ils se fassent désirs.
Pour enfin, en ta présence devenir rires
Tu es la recontre de la lumière et de la vie.
La première et la dernière fois que je dis : "oui."
Peut-être liras-tu dans mes yeux, la couleur
De cette fleur[22], qui n'existe que pour ton cœur.

---

l'univers visible depuis la Terre. Il correspond à la limite d'où aucun signal de quelque nature que ce soit, ne peut être reçu du fait du caractère fini de la vitesse de la lumière ou de l'expansion de l'univers (Entrée *"horizon cosmologique"*, dans Richard Taillet, Loïc Villain et Pascal Febvre, *Dictionnaire de physique*, Bruxelles, D. Boeck, Université, 2008 (1ère édition), XI-672 p., p. 245.

[22] Chez les angiospermes, ou plantes à fleurs, la fleur est le siège des organes de la reproduction. La reproduction a lieu par pollinisation des carpelles par le pollen émis par les étamines. La pollinisation peut notamment avoir lieu à l'aide d'insectes ou du vent. Les couleurs de leurs corolles plus ou moins vives et, pour certaines, uniquement perçues dans l'ultraviolet par certains insectes. Les fleurs sont souvent parfumées, leur odeur pouvant porter jusqu'à plus d'un kilomètre dans un air non-pollué et assez humide. Le nectar sucré est butiné par de nombreux insectes : les abeilles, les papillons et les syrphes. L'éclosion des fleurs, ou floraison, est souvent très éphémère.

Ils habitent les cieux et détestent la terre
Ils volent et ouvrent leurs serres
Mais moi, je n'ai pas peur, car mes ailes poudres de feu
Éblouissent les ténèbres et ouvrent mes yeux.

Je les vois, tourner fiers et arrogants
Éclaboussant de leurs rires stridents
Mais non ! La victoire est mienne
Mais oui ! La victoire est tienne.

Et cela parce que l'Amour et l'Amitié
Veillent dès le premier chant de la journée
C'est comme l'eau et le feu :
L'Harmonie[23] disperse les oiseaux de la nuit bleue

Pourquoi ? Parce que ces oiseaux là ne sont que haine et mort
Et je ne veux plus les entendre, les voir encore.
Donne-moi des fleurs et du vent pour les chasser

---

[23] Dans son acception la plus courante, relative aux simultanéités dans la musique, l'harmonie a suscité une abondante littérature, depuis Platon et Aristote, jusqu'à Hindemith ou Messiaen. Cependant même dans ce domaine précis, le terme peut revêtir différentes significations, historiquement liés. Le terme harmonie est dérivé du latin harmonia signifiant initialement « arrangement », « ajustement » et désignant plus précisément la manière d'accorder la lyre. Il s'adresse aussi aux yeux et constitue une appréciation de la valeur agréable dans la communication de caractère général. Communication picturale, architecturale dans les arts, et relationnelle dans les sociétés. Du point de vue philosophique, en particulier dans la Grèce antique, on peut considérer l'harmonie comme le fait pour tous les éléments d'un tout d'être à la place qui leur est destinée de telle sorte que le tout est meilleur que la somme des parties. L'harmonie est une propriété structurelle de ce tout.

Et je ne les entendrai plus pour toute éternité
Je chercherai les sons de ton amour, de ton amitié
Et les oiseaux s'effaceront à jamais dans la lumière
Ne crains plus, les chimères
Ne crains plus la beauté...

Parce que tant qu'ils seront là
La peur régnera.
Je me bats et je n'ai presque plus peur
Parce que nous nous sommes aimés certaines heures.

Et je sais que tu reviendras, comme un prochain été
Les grands oiseaux de la nuit ne tarderont à s'effacer
Je me prépare à t'aimer,
Et surtout à t'oublier.
Quand tu pars et qu'il est midi
Alors je te dis reviens oui
Et tu apparais dans un ciel clair
Pourtant plein d'éclairs[24].

---

[24] L'éclair, se propage très rapidement, et le tonnerre, qui résulte d'une dilatation explosive de l'air chauffé par l'éclair, se propage relativement et lentement à la vitesse du son dans l'air. Le tonnerre peut résonner d'un craquement sec et immédiat lorsque l'éclair est proche, ou gronder plus généralement au loin, par effets d'écho. Comme la lumière voyage beaucoup plus vite que le son, l'éclair est en général visible bien avant que le tonnerre ne soit audible. C'est aussi une lumière éblouissante accompagnant la décharge électrique des masses nuageuses, précédant le tonnerre, et zébrant de façon variée un ciel d'orages ; enfin l'éclair est une lumière éclairant l'horizon grâce au pouvoir réflecteur de l'atmosphère, provenant d'orages assez lointains pour que le tonnerre qui suit ne soit pas audible.

Car les grands oiseaux noirs t'ont emporté
Au pays interdit à mon cœur
Pourtant il chamade au bonheur.
Si le présent est bon, c'est grâce au passé.

Je t'ai connu, je t'ai aimé
J'ai déroulé tes yeux dans mes mains
J'ai chanté ta voix jusque dans mes matins
Pour oublier les cris des oiseaux désenchantés.

L'aube apparaîtra sur mon cœur, pleine de ta voix
La voix d'un roi
Sobre, clair, juste pleine de plaisir devant la liberté.
Tout le chemin de ta vie, tu seras aimé
Par des femmes, des enfants, des chevaliers
Qui poseront à tes pieds
Chaque jour le flambeau de la vérité[25].

La vérité des rois est une certitude que Dieu aime à gagner
Ta vérité est née dans le berceau avec le cortège des fées

---

[25] Les théories de la vérité sont légion, mais on les classe d'ordinaire en : correspondantismes (correspondance vériporteur/réel), cohérentisme, (la cohérence entre les propositions fait leur vérité), pragmatistes (ce qui est utile et vrai), théories sémantiques et minimalistes (ou déflationnistes). Une vérité peut être dite "vérité" parce que la phrase, la proposition est empiriquement reconnue comme vraie au sein d'un groupe. ... Dire que la philosophie recherche la vérité est un topos. La vérité serait avec la sagesse, un des objets de la philosophie, même si l'expression "recherche de la vérité" n'est pas exclusive à la discipline. Le futur est nécessaire, qu'advient-il de la responsabilité? http ://dicophilo.fr sous licence CC-BY-NC-SA 3.0

Pour des décennies et des millénaires incommensurables
Tu es protégé, et tes pas peuvent fouler les sables
D'une plage, bleue et rose, de fleurs d'écumes salées.
Là, pourrais-je t'embrasser ?
Viendront alors, les oiseaux de la liberté
Qui montent leurs chants toutes les journées
À l'encontre des oiseaux de la nuit[26]
Oiseaux et oiselles de la lumière qui surgit[27]
Sempiternelle alternance du bien et du mal
De l'espoir et du fatal.
L'oiseau chante pour son créateur
Vers un grand malheur et un salvateur bonheur.
La lumière sera toujours victorieuse sur les ténèbres même les plus pesantes :
La lumière est douceur et jamais violente.

L'intelligence dit le Rig-Veda, est le plus rapide des oiseaux
Et ses chants montent au ciel très tôt.

---

[26] Quand la sagesse germe la nuit : la chouette hulotte est le rapace nocturne le plus connu de France. Également connu sous le nom de chat-huant, elle est reconnaissable à sa silhouette trapue et son plumage tacheté. On la rencontre dans tous les milieux boisés. Par contraste : l'engoulevent est un oiseau crépusculaire et nocturne. Mais il n'est pas un oiseau comme les autres. L'engoulevent est réputé faire mourir les enfants à naître et ceux qui viennent au monde. Ces oiseaux passeraient tout à fait inaperçus si une demie heure environ après le coucher du soleil, ils ne se mettaient pas à chanter, pousser des cris ou claquer des ailes.

[27] Entre mars et juillet, mais surtout en mai et en juin, généralement trente à quatre vingt dix minutes avant le lever du soleil, les chants de nombreuses espèces se mêlent et forment un concert matinal agréable et très sonore. Les raisons exactes de cette activité sonore sont encore mal connues et plusieurs hypothèses ont été émises pour tenter de l'expliquer : de la recherche d'un partenaire à la défense d'un territoire ; il s'agit en tout cas d'un des symboles du printemps dont il faut profiter. Une journée internationale de chœur.

L'oiseau s'oppose au serpent, symbole du monde céleste
À celui du monde terrestre : le germe du mal étant alors en sieste.
Dans la littérature chinoise, les nombreux oiseaux bleus sont des fées
Des immortelles, des messagères célestes et flottent leurs idées
Sur l'arbre du monde, dans les Upanishad, ils sont deux :

Tendant vers les mystiques cieux
L'âme individuelle active : jîvâtma
Et de l'esprit universel : Atmâ.

Po-yi assistant de Yu-le-Grand
Saisissait le langage des oiseaux
Flottant sur les ailes … du vent.
Subjuguant peut-être les barbares oiseaux
Le vol et le chant des êtres plumés, volants
Sont les auspices d'une certaine divination.

Alors s'éclaire ma vision
D'après leurs vols et leurs chants.
En te regardant je sais où tu vas
Ton allure vivante guide chacun de mes pas.
Et t'aimer ne sera jamais l'exploit
Des grands guerriers
Mais simplement les songes et le respect
Pour un roi, bien-aimé.
Tu m'ouvres la porte de ta souveraineté
Et de certains de tes rêves les plus secrets
Que les grands oiseaux de la nuit
Ne découvriront même à minuit …
Tes nuits, sont les nuits de l'amour

Et souvent je fais un détour
De mes nuits à tes nuits.
Alors l'espace se remplit de formes claires et souriantes
Comme un nouveau livre[28] qui enchante.
Les pages de notre amour défilent dans le ciel
Portés par Calliope[29] et autres, quand ils se font ailes
Alors le secret se fait lumière
Irrésistible étincelle au-dessus de la mer
Je chante avec les oiseaux, combien je t'aime
Et tous les mots d'amour pour toi sont suprêmes.

Mais il arrive quelquefois que les grands oiseaux de la nuit
Pénètrent mes songes et me sourient
Alors ton visage
Interfère sans aucun mirage
Et je peux aller vers toi
Dans tes rêves[30] et ton au-delà

---

[28] Le livre numérique aussi connu sous les noms de livre électronique et de livrel est un livre édité et diffusé en version numérique disponible sous la forme de fichiers, qui peuvent être téléchargés et stockés pour être lus sur un écran, sur une plage braille, un dispositif de livres audio ou un navigateur.

[29] Il existe plusieurs types de poésie : la poésie lyrique, épique, satyrique et didactique. Calliope, en grec ancien Kalliópê, « *belle voix* » était la muse de la poésie épique. Calliope, comme ses huit autres sœurs les Muses est une des neuf filles de Zeus et de Mnémosyne. Souvent représentée sous les traits d'une jeune fille à l'air majestueux, le front ceint d'une couronne d'or : « Descends *de l'Olympe, Ô Calliope, Ô reine/Et dis sur la flûte un chant de longue haleine:/Ou plutôt, la lyre entre les doigts/Marie un air au timbre de ta voix.*» Horace, Ode III, 4 À Calliope Œuvres complètes, éditions Firmin, 1895, 388 p., p.83.
Suivant les mythes, elle passe pour la mère d'Orphée, avec le dieu Achéloos, elle met au monde les sirènes.

[30] Morphée, Morpheús de Morphe « *forme* » est dans la mythologie grecque, une divinité des rêves prophétiques. Il est selon certains théologiens antiques, le fils d'Hypnos (le sommeil) et de Nyx (la nuit). Il a pour vocation d'endormir les mortels. Il est souvent

Alors, telle une licorne pas à pas
J'éloignerai de nous ces oiseaux là
Et le soleil dans sa clarté infinie
Nous rappellera que nous sommes unis
Sur ce chemin, que le quidam appelle vie[31].

Je m'envole constamment dans tes bras
Et les oiseaux te jalousent car tu sais et chanter et parler.
Je reconnais ta voix en pleine nuit, en plein ciel
Alors j'ai posé deux perles sur tes ailes

---

représenté par un jeune homme tenant un miroir à la main et des pavots soporifiques de l'autre, avec des ailes de papillon, qui lui permettent de voler. Il donne le sommeil en touchant une personne avec ses pavots. Il lui donne également des rêves pour la nuit. Il apparaît généralement dans le sommeil des rois comme un humain sous formes de fantasmes.

[31] La vie est un phénomène naturel observé à ce jour uniquement sur Terre. La présence de la vie sur terre influence généralement la composition et la structure de la surface terrestre et de l'atmosphère. On oppose au phénomène vivant, la notion de mort. Le philosophe Emmanuel Kant a discuté la différence entre les êtres vivants et les machines : « *[...] un être organisé n'est pas simplement machine car la machine possède une force motrice, mais l'être organisé possède une force formatrice, qu'il communique aux matériaux, qui ne le possèdent pas (il les organise) il s'agit ainsi d'une force formatrice, qui se propage et qui ne peut pas être expliquée par la seule faculté de mouvoir (le mécanisme) [...]* » réf. : Emmanuel Kant, *Critique du jugement*, 1790 §65, éd. Vrin, 1993, p.297-298. Le philosophe Michel Henry définit la vie d'un point de vue phénoménologique comme ce qui possède la faculté et le pouvoir « *de se sentir et de s'éprouver soi-même en chaque point de son être.* » Pour lui, la vie est essentiellement de l'odre de la force subjective et de l'affectivité, elle consiste en une pure expérience objective de soi qui oscille en permanence entre la souffrance et la joie. La vie surnaturelle trouve sa force dans l'union hypostatique de Dieu. De façon condensée, la vie se représente sous six aspects : physique : de quoi s'agit-il ?, téléologique : où va-t-elle ?, sémiologique : que signifie t'elle ?, axiologique : que vaut-elle ?, ontologique : d'où vient-elle ?, phénoménologique : quelle est son essence ?

Et leurs nacres s'ouvrent sur ta bouche
Que dans mes rêves, je touche à touche.

Parce que les rêves sortent la nuit
Sans tumulte, sans magie[32]
Parce que les portes s'ouvrent la nuit
Sans tumulte avec magie :
Alors tout contre toi, je sens la vie
Ce sentiment intérieur, qui jaillit avec le temps
Tu es la pluie chaude sous le vent
Et je peux rêver à tes songes
À chaque fois ou près de toi je m'allonge :
Nos rêves s'interpénètrent grâce aux fleurs qui bordent le lit
Car dans le sang des fleurs flottent les rêves de chaque nuit
Tu es né et tu as grandi, protégé par les capteurs de rêves[33]
Et tous les démons disparaissent et crèvent.

---

[32] La magie est une pratique fondée sur la croyance en l'existence d'êtres ou de pouvoirs naturels et de lois naturelles et occultes permettant d'agir sur le monde matériel par le biais de rituels spécifiques. *"[…] La vraie magie c'est l'amour qu'il y a dans l'univers et inversement la haine." "Ces sages antiques, qui cherchaient à s'assurer de la présence des êtres divins en érigeant des sanctuaires et des statues (...) comprirent que cette âme [du monde], bien qu'elle soit partout présente, peut être captée d'autant plus fréquemment qu'un réceptacle adéquat aura été prévu à cet effet, un lieu particulièrement approprié pour en recueillir quelque portion ou phase, quelque chose qui puisse la reproduire ou capter son image à la manière d'un mémoire."* Plotin, Énnéades, IV, 3, 11 ; *"[…] Et la nature entière est appelée magicienne en vertu de cet amour réciproque ... Toute la puissance de la magie réside dans l'Amour et l'œuvre de l'Amour s'accomplit par fascination, incantation, et sortilèges."* Marsile Ficin, *Commentaire sur le Banquet de Platon* (1469), VI, 10 trad. R. Marcel, 1956, p.219.

[33] Selon la croyance autochtone d'origine ojbwé, le capteur de rêves empêche les mauvais rêves d'envahir le sommeil de son détenteur. Agissant comme un filtre, il capte les songes envoyés par les esprits, conserve les belles images de la nuit et brûle les mauvaises visions aux premières lueurs du jour. Selon la culture huronne, les humains font tous partie du Grand Esprit. Toujours selon cette culture, le rêve est l'expression des besoins de l'âme. Il est aussi primordial de satisfaire les besoins de l'âme que ceux du corps. Le rêve permet

J'irai poser mes yeux au fond de ton regard
Pour m'endormir sur les collines de Bethléem
Et je n'aurai peur ni des tigres, ni des léopards
Car pour la première fois tu m'auras dit : *"je t'aime."*
Et que ton songe aura rencontré mon rêve[34]
Et ton rêve aura rencontré mon songe
Le vent de ta falaise ronge
La nuit profonde pour des gouttes d'écume de lumière : la trêve
Les rêves flottent autour de nous et nous attrapent dans le sommeil
Mais la Licorne, au pied du lit veille
Alors je te vois courir sur l'océan
À la recherche du vent
"[...], et le souffle de Dieu planait sur la surface des eaux."[ii]
Alors le jeune enfant prononcera le premier mot[35]

---

de se libérer. Il assure l'équilibre. Si on écoutait la démarche que les rêves nous proposent, on comprendrait beaucoup mieux les besoins de l'âme. Peut-être un jour, les progrès de la science nous permettront de visualiser nos rêves sur un écran …

[34] Le rêve est une disposition de l'esprit généralement nocturne, survenant au cours du sommeil, et qui procure à l'individu éveillé des souvenirs : moyens de guérison, de connaissance et de révélation. Selon Maïmonide, toutes les prophéties et manifestations révélées aux prophètes se font en songe ou en vision, apportées ou non par un ange. Selon lui, les révélations s'obtiennent dans une vision, et le prophète en saisit la signification dès son réveil. Les prophètes sont les interlocuteurs privilégiés de Dieu. Ils sont choisis par lui. La prophétie est une perfection acquise qui peut être troublée par la tristesse, la colère et la fatigue. D'après lui Moïse, seul fit exception à cette règle : « *[...] Moïse est mon serviteur ; de toute ma maison c'est le plus dévoué* », « *Je lui parle face à face, dans une claire apparition et sans énigmes ; c'est l'image de Dieu même qu'il contemple. [...]* » Nb, 12.7 à 8.

[35] Tout comme le bébé babille « *maman* » ou « *papa* » comme premiers mots, les premiers mots exprimés par l'humanité seraient « Mère », « Main », « Feu ». C'est du moins le résultat d'une analyse de chercheurs anglais : Études de l'université de Reading (Royaume-Uni)- source : Ça m'intéresse Histoire- N°19- juillet-août 2013. Selon ses travaux Merritt Rhulen identifie vingt-sept racines mondiales comme « aq'wa » (eau) ou « tik » (doigt) qui

Mais de quoi est fait l'inconscient du nourrisson ?
De son père, de sa mère, de douces chansons.
Et la musique se mêle aux rêves de l'enfant
Injonctions indirectes des parents ;
À cette heure-ci, l'oiseau commencera à siffler
Et l'enfant et l'animal partageront le jardin enchanté
Les roses mettront des couleurs sur les roses sauvages
Et les chevaux se lanceront à la découverte des plages.

La mer surpuissante lavera tous les orgueils et cauchemars
Le monde sera peut-être un territoire
D'immense fraternité.
Où l'amour et la connaissance sont les seuls caprices à évoquer
Je viens vers toi constamment
Avec confiance dans la force du temps
Et mes rêves rêvent de toi en permanence
Que ce soit le jour ou la nuit en plein silence
Mon esprit court vers toi
Et cette nuit encore, je serai dans tes bras.
Tu es cet homme que l'on ne croise qu'une fois
Parmi le déchaînement des temps
Tu es sur tous mes océans
Et nos rêves conjugués s'animent avec les vents
Aphrodite se réconcile avec Ouranos[36], duquel elle est née

---

appartiendrait à une langue mère originelle. Racines communes qui seraient ensuite déclinées.

[36] Dans la théogonie d'Hésiode, une version de la naissance d'Aphrodite est donnée (vers 173-206) : Cronos vient de couper les bourses d'Ouranos. Il les jette « *ensuite au hasard, derrière lui. Ce ne fut pas pourtant un vain débris qui lors s'enfuit de sa main. Des éclaboussures sanglantes en avaient jailli. Gaia (Terre) les reçut toutes, et, avec le cours*

Car elle est amour et vent salé.

Je nage dans tes rires sur toute ta joie
Tu es le feu, le rêve de mon au-delà.
Près de toi, la mort n'existe pas.
Tu es toute ma vie
Mes rêves les plus éblouis.

Je veux danser sur ton corps
Au rythme des oiseaux aux ailes d'or.
Es-tu ce Phénix[37] ?
Qui jaillit de la nuit des temps
À la recherche des plus forts instants
Et qui brûle en planant sur le Styx ?
J'entends certains héros me parler depuis la sombre caverne

---

des années, elle en fit naître les puissantes Érinyes, et les grands géants [...], et les nymphes qu'on nomme Méliennes. Quant aux bourses, à peine les eut-il tranchées avec l'acier (ademati) et jeté de la terre dans le flot (pontô), qu'elles furent emportées au large, longtemps et tout autour, une blanche écume sortait du membre divin. De cette écume, une fille se forma, qui toucha d'abord à Cythère la divine, d'où elle fut ensuite à Chypre qu'entourent les flots, et c'est là que pris terre la belle et vénérée déesse qui faisait autour d'elle, sous ses pieds légers, croître le gazon et que les dieux aussi bien que les hommes appellent Aphrodite. » Hésiode a interprété le nom de la déesse comme signifiant « *née de l'écume* » (aphrôs). Cependant l'éthymologie reste obscure.

[37] Le phénix (du grec ancien phoinix : rouge pourpre) est un oiseau légendaire, doué d'une grande longévité et caractérisé par son pouvoir de renaître après s'être consumé dans les flammes. Il symbolise ainsi des cycles de mort et de résurrection. Son surnom est l'oiseau de feu. Des oiseaux fabuleux semblables au phénix se trouvent dans la mythologie persane sous l'appellation de Simurgh ou Rokh, chinoise sous le nom de de Fenghuang, amérindienne avec l'oiseau-tonnerre ou aborigène en Australie avec l'oiseau Minka. Le phénix est originaire d'Arabie et rattaché au culte du soleil dans l'ancienne Égypte, où il était vénéré. Selon les auteurs classiques grecs et latins, le phénix était une sorte d'aigle ; son plumage était splendide et se parait de couleurs éclatantes.

Ils ont encore les yeux brillants de sursaut de vie : jamais ternes
Et leurs rêves flottent sur les terribles fleuves qui mènent aux Enfers
Je viens, je cours, je vole vers toi avec toute ma lumière :
La lumière de l'amour pour le seul homme qui ne fasse pas peur
Avec toi, le temps est toujours un bonheur :
Quand tu viens, les secondes ne sont que des orgasmes plus forts
Que tous les soleils couchants sur la Méditerranée qui se fait or
Que toutes les vallées où la chaleur
Se pose avec notre fusion comme unique couleur.
Tes rêves s'échappent de ton corps pour rejoindre mon esprit
Telle est la vie
Tes rêves s'échappent de ton esprit pour rejoindre mon corps.
Et nous parlons ce langage secret
Des amants passionnés
Qui ne cherchent qu'à embraser
Le ciel de la nuit
À se toucher à l'infini :
Tes mains j'en rêve et les voilà
Encore ce matin, c'est toi !
Jouissance et désir ardents
Tu es l'homme de tous mes instants
La rose qui pose ses pétales sur le lac aux oiseaux de printemps
L'arbre qui grandit et s'élève vers le ciel ne pliant pas sous le vent
Et les premiers matins
Qui se souviennent de demain.
Notre amour n'a pas peur du temps
Du vent
Car tu es fort comme un roi
Et que tu n'as pas peur de recommencer les choses encore une fois

Je suis née en t'aimant et tu as marché vers moi.
Le pas vif et l'œil heureux
Tel le roi David, aimé de Dieu
Porteur de l'arche d'alliance jusqu'à Jérusalem
Et dont la lignée ira jusqu'à Bethléem[38]...
Les rêves de tous les prophètes y pénétrent la terre
Pour faire jaillir la lumière
De l'amour de Jésus-Christ et la sagesse d'Élie[39].
Ses réapparitions viennent dans le folklore juif depuis Shimon bar Yohai
Le prophète au char
Tourbillonnant à l'aube d'un nouveau départ.

Mais toi, qui marches dans la plaine sous le vent
Ne crains pas d'être parfois un enfant
Ne crains pas d'être un géant
Ne crains pas de marcher
Sur les esplanades des palais
Des temples et des cités
Où que tu ailles, je marcherai à tes côtés

---

[38] En hébreu Bet lehem est une ville située en Cisjordanie à environ dix kms au sud de Jérusalem. La ville est un important centre religieux. La tradition juive qui l'appelle aussi Éphrata (lieu de la fécondité) en fait le lieu de naissance et de couronnement de David, roi d'Israël. Elle est considérée par les chrétiens comme le lieu de naissance de Jésus de Nazareth. Depuis 1995, aux termes des accords d'Oslo, la ville est théoriquement sous administration de l'autorité palestinienne, bien qu'une partie importante de l'agglomération (85%) soit en réalité administrée par Israël.

[39] On trouve une manifestation d'Élie en compagnie de Moïse et Jésus dans l'épisode dit de la « transfiguration. » « Et pendant qu'il (Jésus) priait l'aspect de son visage changea, et son vêtement d'une éclatante blancheur. Et voici que deux hommes s'entretenaient avec lui : c'étaient Moïse et Élie qui, apparus en gloire, parlaient de son départ qu'il allait accomplir à Jérusalem. » (Mt, 17.1-8)

Puisque je suis née du côté de la mer salée[40]
Et le rêve : Israël, terre de paix et de liberté
Deviendra un jour une réalité.
Les rêves de toute une nation
Sorteront la nuit, comme un appel unifié à la terre de Sion.
Et peut-être qu'arabes et juifs marcheront main dans la main
Après des millénaires, un nouveau matin.
Et de nouveaux songes, sur de nouveaux chemins :
Des frontières redéfinies dans le rayonnement des différents lieux saints
Israël ne sera plus un territoire juif ou palestinien
Mais une terre trois fois sacrées :
Le Kotel[41], l'église de Jérusalem[42], la grande mosquée[43].
Les rêves se réaliseront en sortant le jour ou la nuit
Sur une terre, où tous et toutes vivront en amis.

---

[40] Le point le plus bas du globe, se trouve en Israël à la mer morte, située à 408 mètres en dessous du niveau de la mer. La mer morte (en hébreu Yām HaMélah, "mer de sel") est un lac salé du Proche-Orient partagé entre Israël, la Jordanie et la Palestine. Alors que la salinité moyenne de l'eau de mer oscille entre 2 et 4 %, celle de la mer morte est d'approximativement 27,5 %. Aucun poisson, ni aucune algue macroscopique (plancton, bactéries halophiles et halobactaria) s'y développent normalement. De plus en 2011, des sources d'eau douces ont été découvertes au fond de la mer morte qui permettent le développement d'autres micro-organismes non-halophiles. Elle est identifiée au lac Asphaltite de l'Antiquité. La mer morte a perdu le tiers de sa superficie depuis les années 1970 et se trouve désormais en voie de disparition.

[41] Le Mur occidental (HaKotel HaMa'aravi) ou le Kotel (le mur) est une partie du mur de soutènement de l'esplanade du temple de Jérusalem, situé dans le quartier juif de la vieille ville de Jérusalem.

[42] L'église du Saint-Sépulcre est une église chrétienne située dans le quartier chrétien de la vieille ville de Jérusalem

[43] La mosquée al-Aqsa est la plus grande mosquée de Jérusalem. Elle a été construite au VIIe siècle et fait partie avec le Dôme du .Rocher.

Un certain de ces jolis matins
Le soleil chantait
Parce que je t'aimais
Et les souvenirs sont des fleurs d'amour
Que tu me donneras jour par jour.

Et ce sera bon comme entendre ta voix
Mais pas autant que tes bras.

Contre toi, et tu caressais mes longs cheveux
Le plaisir passé est à la fois une douleur et une espérance
Car tu vas revenir
Alors je pourrai tout offrir
Et vivre à deux
Les derniers instants de silence.

Veux-tu jouir de mes caresses
Et me parler de ma tendresse ?
Il y a en toi
L'homme que j'attends depuis les premières fois
Sous le sable divin d'un repos extraordinaire
Aux alentours d'une probable mer.
Où portée par le doux frou-frou des étoiles étincelantes,
Ta main[44] se fera douceur et amante

---

[44] Dans le judaïsme, la Hamsa (du chiffre cinq, en hébreu : Hamesh) ou main de Myriam en référence à la sœur de Moïse et d'Aaron est très populaire. Les khamsas sont quelquefois incorporées dans des plaques murales, des trousseaux et des colliers. Parfois, elles portent une inscription de prières juives comme le *Shéma Israël*, la *Birkat habayit*, la *Tefilat*

Et j'écrirai encore à la flamme vacillante
Les murmures des vibrations ondulantes.
Le sol doucement s'inclinera jusqu'à ton cou
Pour éteindre les longs appels du dernier loup.
La nuit nous entourant alors de ses bras chtoniens
Tristes de disparaître quand se dresse le matin.

Alors sur un dernier lit de feu et d'amour
Je verrai se colorer du charme que tu connais toujours
Les baisers cachés qui ont attendu si longtemps
Avant de s'élever comme un printemps éternel au diamant
Du soleil
De ta merveille.

Alors encore je tremblerai devant tes mains
Alors encore je m'ouvrirai à l'épiphanie[45] du matin
Pardonne-moi si je suis éprise de ces mains
Que tu caresses comme un jardin[46]

---

haderekh ou le symbole de la kabbale. La Kabbale, voix initiatique de la tradition hébraïque, se transmet de « *bouche à bouche* », de maître à élève, depuis des temps immémoriaux. Ses enseignements universels puisent aux Sources Originelles de la Connaissance, conduisent peu à peu à une éthique d'équanimité de la vie, d'équilibre de l'être, car cette « *sagesse d'amour* » reflète l'unité (J. et Ch. Baryosher, *Premiers pas vers la kabbale*, édition Fernand Lanore, 1995, quatrième de couverture).

[45] Épiphanie, fête chrétienne qui célèbre le messie venu et incarné dans le monde et qui reçoit la visite et l'hommage des mages.

[46] Dans la littérature classique puis européenne, le jardin est un lieu volontiers lié à l'amour, en tant que lieu abritant, protégeant l'objet de l'amour, mais aussi en tant que lieu de séduction et de bonheur. Dans la région grecque de l'Arcadie les bergers-poètes vont et viennent dans une nature idéalisée et pacifiée en chantant l'amour de leurs belles. En 1869, Paul Verlaine compose son recueil *Fêtes Galantes* qui met en scène les promenades amoureuses et les jeux de séduction de jeunes gens. En ce qui concerne le

Et ce sont par milliers de fleurs
Que sera célébré notre bonheur :
Humble, tendre, sauvage, immense
Mais bien à nous un état de providence
Un matin où je poserai un baiser sur l'ombre de ton corps
Qui flotte encore,
Sur les portes de ma maison,
Alors tout doucement se dessine ton prénom
Et ton parfum royal en pénétrant mon corps et mon âme
Ennivrent soudainement l'enfant devenue femme.

Et sous ce nouvel éclat de lumière et de parfum,
Monte au ciel, le bonheur de chacun de nos anges
Vers ces nouveaux matins
Où tous tes regards éclairant le défiant portique
D'un subtil et langoureux mélange
Font venir à moi, ton être-là magique.

Alors secrètement j'irai chanter et danser,
Pour toi aux fenêtres de tes palais
Et nous nous aimerons dans les voiles et les rouleaux d'écume
À ce doux sel, qui fertilise les brumes
Tu les prends dans tes mains, tu les jettes au feu
Alors, je ferme tranquillement mes yeux

---

bien aimé roi David, nous découvrons son amour pour Dieu. David éleva les paroles de ses compositions bien au-delà du simple divertissement ; il en fit des chefs d'œuvres classiques dédiés au culte et à la louange du créateur. Les psaumes 8, 19, 23 et 29 reflètent très probablement ce que David vécut quand il était berger.

Car je sais à présent que de tes mains tu maîtrises l'univers
Surtout mon cœur, les premières fleurs, et les dernières prières.
Et que j'aille mourir demain
Si j'oublie de pour toi, n'être que satin
Si je cesse un seul instant de t'aimer
Toi le soleil de ma liberté,
La secrète joie de ma vérité.
Tu es la source vive de chacune de mes jouissances
À chaque fois, une semaison de fleurs au bleu intense.

Tu caresses le monde, tu fais planer la joie
Surtout tu parles dans le silence à tous ces rois
Qui dans leurs rêves, parlent de toi et moi
Car ils touchent l'espoir de saisir une brindille de notre amour
Pour construire leurs temples au bord du vent
Tout ton corps devient le pressentiment
Des infinies nuits et journées de notre amour
Que ma main dans ta main chante comme un emblème royal
J'irai toujours avec toi, chevaucher le rêve idéal
D'un mariage et d'un doux songe de printemps
Afin que nous retrouvions à nous deux, ce temps
Qui ne nous volera pas l'éternité ;
Puisqu'en toi coule le sang de la terre sacrée
Roi, amant, étoile parmi les étoiles
Printemps de toutes les lumières ancestrales.

Je ne suis que la rose que tu cueilles de bon matin
Pour goûter le doux vin

Qui est parti se coucher
Derrière les astres ensoleillés.

Dans ma bouche tu sentiras le sucre du miel, et la folie du vin[47]
Et je caresserai ta main tremblante de désir
Alors pour toi je pleurerai à l'oracle de l'avenir
Pour y emporter tes rires ;
Mais je m'accorderai le privilège de tes sourires.
Parce que ton visage est un fleuve de beauté[48]
Parmi tout cet océan violent et tempéré
Les flots peuvent se déchaîner,

---

[47] Le vin et la religion ont un rapport étroit ; son débourrement spectaculaire au printemps fait que la vigne a été très tôt associée à la renaissance de la vie après la mort, comme dans le mythe d'Ampélos. Dans la mythologie grecque Ampélos (en grec ancien : vigne) est un jeune satyre, éromène aimé de Dyonisos. Sa mort donne naissance à la vigne et au vin. En mythologie comparée, dans le poème de Nonnos l'intervention du vin est annoncée par plusieurs prédictions antérieures à l'épisode d'Ampélos. Dionysos-Zagreus, fils de Zeus et de Perséphone a été tué par les titans. Zeus se venge en ravageant la Terre par un incendie gigantesque, suivi d'un déluge qui noie le monde. Voilà pour les païens, pour les chrétiens l'épisode le plus explicite du thème du vin est transcrit dans *les noces de Cana*, récit tiré du Nouveau Testament où il est raconté que Jésus a changé de l'eau en vin. Dans la religion juive, il est l'objet de sacrifice et de bénédiction, chez les musulmans il est à la fois objet de répulsion et de récompense suprême au paradis.

[48] Pour Platon, c'est par l'amour (Éros) que l'on découvre des choses de plus en plus belles. En reprenant les trois étapes de l'initiation à la beauté : la purification, l'ascension et la contemplation, Platon donne une bonne dialectique aux mystères orphiques de l'ascension de l'âme vers le divin. Pour David Hume l'idée de beauté est une projection du plaisir que produit un objet. Pour Emmanuel Kant, la beauté est une satisfaction désintéressée. Pour Georg Wilhelm Friedrich Hegel, il y a une différence conceptuelle entre le beau de nature et le beau artistique. Karl Jaspers (psychiatre) tente de trouver un sens à cette atrocité qu'est la guerre (deuxième guerre mondiale), selon lui, le beau s'applique sur deux dualités différentes : celle être primaire (matière morte) contre être complexe (individu) puis sur la dualité naturelle du fond contre la forme.

Les orages peuvent tout foudroyer
Tu restes blotti en moi, comme le grand secret
Et nos chaleurs fusionnent en pleine nuit
Dans le grand soleil des amants trop épris.
De tes yeux à mes yeux, brillera la lumière
De la belle et magique clairière
Qui reste secrète puisque c'est nous, puisque tu es roi
Et que tu as laissé le vent se coucher sur moi.

Tu es un enfant de l'univers,
Tu protèges toutes les couleurs, car elles sont lumière
Et qu'en ton cœur rayonne l'arc-en-ciel du monde
Des eaux, des forêts, des clairières et des plages blondes.
Le serment des arbres sous les tilleuls aux licornes, et tu es là
Alors je me penche et je ne cueille plus que toi.
Tu m'apprends la lueur, le calme, la lumière
Je soupire avant la fin de l'hiver.
Parce que tous les jours tu emportes mes printemps
Et que tu bois le parfum d'un temps
Qui ne meurt jamais.
Ton regard caresse les arbres liés
Par les racines fleuries dans une très secrète forêt.

Tu es absolument celui de ma main
Une étoile qui pleure de joie au matin.
Et je meurs sous tes caresses et sous le ciel
Du vent qui conduit les hirondelles
Aux porches de la maison qui ne craint ni la tempête, ni la flamme

Aux colonnes de mon âme.
Tu as la clef de ma porte la plus intime et je n'ai pas peur
De mourir d'amour par le secret de tes liqueurs
D'alcool frais aux couleurs évanescentes
Qui tanguent et chantent dans la cascade obsédante
De ton regard, de mon regard, aux vins des satyres et des vierges.
Alors, la première fois toujours émerge :
Ta longue main sur les fleurs bleues
Dont les corolles fleurissent en tes yeux.

Regarde, tu as le ciel au bout de tes doigts
Écoute la mer chanter tout autour de toi,
Et n'aie peur de marcher sur la plage
Longue et vide comme un premier voyage.
Nos bouches ne parleront jamais de frontières
Par la force de l'amour, nous éteindrons toutes les guerres
Et Arès[49] chantera, posant ses armes, ici et là
Enfin, le jour viendra, où il n'y aura plus de combat
Des fleurs monteront et descendront depuis et vers le ciel
Ce qui supplée à l'irréel deviendra joie et réel.

---

[49] Arès en grec ancien Árès est le dieu de la guerre offensive et de la destruction dans la mythologie grecque. Il appartient au panthéon des douze grands dieux de l'Olympe. Sa force surprenante n'en fait pas un combattant invincible. Sa demi-sœur Athéna l'assomme dun coup de pierre, et doit même s'avouer vaincu face à Diomède. Il est vaincu deux fois par Hêraklễs. Il est fléau des hommes : brotologiós, souillé de sang : miaiphónos, assailleur de remparts : teikhesiplêtês, brutal : malerós.

Les parfums de ton âme[50] rejoignent mon espérance
Et mon espérance rejoint ton âme
C'est là la plus belle chance
Et le plus doux de l'amour et de ses drames.
Je rêve de caresser, les rêves que dessine ta main.

Alors avec toi, j'appelle le matin.
Je rêve de courir sur ta peau, les premiers et derniers soleils
Encore une fois, embrasser le vermeille.

Ta main est ma source de lumière,
Tes mots, une unique prière
Qui se multiplie jusqu'à l'infini, ta bouche
Avec des milliers d'étoiles fleuries sur ta couche.
Où, je viendrai m'allonger
Dans l'espoir sublime de te trouver.
Je t'attends depuis l'éternité
Et maintenant que nos âmes se sont trouvées
Nos corps exulteront dans un baiser
Au parfums des vignes d'En-Ghedi
"Mon bien aimé est une grappe de troënne
Dans les vignes d'En-Ghedi."[iii]

---

[50] Dans la Bible hébraïque Nephesh est l'un des mots traduits par âme. Le mot Nephesh peut être traduit de plusieurs autres façons, le plus souvent être vivant, souffle. Les autres « vies animales » sont également pourvues d'un nephesh. Ce n'est qu'à propos de la création de l'homme que la Bible mentionne la neshama que Dieu lui a insufflée dans ses narines, faisant de lui un être vivant. Dans le texte biblique, l'homme ne possède pas une âme, il est une âme. Pour le judaïsme, l'âme est pure à la naissance avec un yetzer haTov une tendance à faire le bien, et un yetzer haRa un penchant au mal. Chacun jouit donc du libre arbitre ?

Il est ce roi qui efface toutes les haines,
Et je lui tends mes lèvres, au parfum de miel
Et chacun de mes jours s'élève au mystère de l'Éternel
Pour goûter notre amour, comme le printemps le plus fidèle.

Tes mains caressent le monde, comme tu offrirais une rose
Et de toutes mes jouissances, tu es le virtuose.
Ce plaisir désormais chante dans mon corps
Et le soleil dans tes yeux est une lumière d'or.
Mon esprit, mon cœur, mon âme sont la métempsychose[51]
De ton éternité
À jamais je suis à toi, liée.
Aux siècles du bonheur
Je t'attends tout le temps, au rythme des heures
Et je confonds midi, avec minuit
Tu es le seul fruit
Que je n'offrirai pas
Que je garderai pour moi
Et je te laisse mettre la couleur au bout de mes doigts
Et même si elle rivalise avec la rosée de cette aube qui va jusqu'à l'aurore
Alors l'amour s'éveillera et chantera encore, puis encore...
Et nos mains commenceront à se faire l'amour
Et mon âme ira prier jusqu'à tes jours.

---

[51] Métempsychose (du grec ancien metempsúkhôsis, déplacement de l'âme) est le passage, le transvasement d'une âme dans un autre corps qu'elle va animer. Le bouddhisme croit plutôt à la métensomatose. Les écrits bouddhiques utilisent en fait un concept sensiblement différent de celui de réincarnation punarbhava que l'on traduit par « renaissance. »

L'amour de mon amour
Se parfume au petit jour
Je l'attends derrière l'espoir
À l'encontre du noir.
Et il y a de la lumière ; Je l'ai vue dans mes songes qu'il visite
Il y pose du bleu, du feu de la joie, une vie, un rite.

Je t'attends et je t'ai connu plusieurs fois,
Toujours… ces baisers qui enlacent le coquillage
Tu es la bouche de l'océan
Et tout autour de moi, le souffle du vent.
Je t'attendrai et je te connais plusieurs fois :
Tu es partout dans les murs bleus, sur les visages
Le feu n'existe plus, c'est toi.
La mort n'existe pas
C'est moi,
Qui prends ta main et t'emmène sur la plage des rois…

Là où Jadis David a marché, et peut-être couru
Un jour peut-être de nue en nue je serai nue.
Contre ton oiseau, blotti dans cette lune
Que tes bras tendent au sommet de mes dunes

Et tu me diras c'est quoi l'amour
Une fleur, un matin, une vie, un baiser
Juste un jour ?
Alors je répondrai que je t'ai toujours aimé

Et nous savons tous deux, le bonheur de nos bouches
Et nous savons tous deux qu'elles attendent la couche,
De notre union. Je te donne le vent dans une bouteille
De notre union. J'ai peur des futures merveilles.

L'amour de mon amour
Chante au diapason[52] d'un nouveau rêve
La musique bleue du jour
Rêve en accord avec mon rêve.

Je te livre mes songes
Que tu pénètres tel un roi
Je t'aime, je t'aime et aucun songe
Ne te le dira.

Même si tu pénètres par les portes du Nerval
Ce continent de corne et d'ivoire
Sont les portes[53] du délice et de la force vitale,
Savoir se battre, même dans le noir.

---

[52] Le terme diapason désigne originellement l'intervalle d'octave en grec et en latin. Le mot est tiré de l'expression grecque diápasōn.
[53] La porte de corne livre passage aux rêves véridiques, notamment les rêves prémonitoires, tandis que la porte d'ivoire livre passage à des rêves trompeurs. La 1ère mention connue de la porte de corne et de la porte d'ivoire se trouve dans l'Odyssée. Le philosophe et écrivain grec Platon place une référence à l'Odyssée dans le propos de Socrate dans son dialogue sur la *Sagesse* : « *Écoute donc mon songe, dis-je, qu'il soit venu de la porte de corne ou par la porte d'ivoire.* » (Homère *Œuvres complètes*, Édition Les Belles Lettres, 1956, XIX, 560-569, p.76)

Apprendre à se protéger
Qui sait sourire à tous les soupirs exaltés
Lui, le Dieu vivant, ce géant :
Ce désir, cette force d'amour, ce vent
Et j'irai te chercher, te trouver, te garder
Jusqu'au pays d'où l'on ne revient jamais
La contrée de mon cœur a des voiles bleus
Des soleils qui se disputent le feu
Des fleurs qui gémissent à l'approche de la nuit
Et des matins emplis des mystères de ta vie
Que j'aurais sondés à bout de souffle
Et par la-même soupirés à bout de vent
L'espoir fulgurant de ce souffle
Qui ne fait que toucher le printemps.

Souvenir ou réalité, tu ne mourras pas
Car tu es plus fort que l'espoir
L'amour de mon amour ne s'éloignera pas
Car tu es plus fort que l'espoir.

Tu n'as peur de rien : apprends-moi,
Tu n'as peur de rien : protège-moi
Puisqu'encore je te souris
Tu n'as peur de rien, donne la vie
La vie, la vie, et les soleils tes étoiles
Tu es l'enfant de la forêt aquatique du Narval[54]

---

[54] La légende de la licorne date de la Grèce antique. La corne du rhinocéros était vendue comme étant une corne de licorne, jusqu'à ce que l'on découvre celle des narvals : longue

Et des forteresses de Gérard de Nerval[55]
Toutes d'ivoire
Quand après le jour, vient le soir.

Ta maison a une porte transparente
Parfois elle appelle le silence et te chante.
Tes yeux sont le miracle de la lumière
Calmant les trépas de l'hiver.
Laisse-moi venir y allumer ma flamme
Peut-être l'orange et le bleu d'une femme.

J'aime ta folie, j'aime tes yeux qui sourient
À l'infini
En fermant les yeux.
Je veux embrasser de mes doigts tes cheveux
Tu brilles d'une sensation qui se fait sensibilité
Et je deviens l'amour de ta vérité
C'en est ainsi

---

et torsadée. La dent du narval a beaucoup contribué à forger l'image que l'on se donnait de la licorne au moyen-âge. Les gens attribuaient des vertus à ces cornes telle la faculté de neutraliser les poisons, et se faisaient donc faire des gobelets dans cet ivoire. Il a fallu attendre 1704 pour que le lien soit établi avec le narval.

[55] Gérard Labrunie (1808-1855), écrivain et poète français auteur des *Chimères* (1854) qui « *deux fois [a] traversé l'Achéron.* » En proie à des crises de folie de plus en plus rapprochées, il doit être interné à plusieurs reprises : janvier-février 1852, février-mars 1853, avril 1953, mai 1854, fin 1854. Il se pendit dans la nuit du 25 décembre 1855.

De nos vies.
Tu es sensuel de ton esprit[56]

Tu m'apprends le rêve
Tu m'apprends qu'il y a le mal
Mais tu ne m'expliques pas pourquoi… Est-ce une trêve ?
Ou une autre Nerval ?

Laisse-moi chanter dans tes bras
Et pleurer quand tu t'en vas
Mais surtout reviens
Et laisse-moi embrasser tes mains
Car, sans toi c'est le vent
De ma vie, tu seras toujours le gagnant ;
Ou alors si tu veux,
Tel un phœnix, plonge et rejaillit du feu
Emmène-moi voyager sur ses ailes

---

[56] Esprit : perception, affectivité, intuition, pensée, concept, jugement moral. Dans de nombreuses traditions religieuses, il s'agit d'un principe de la vie incorporelle de l'être humain. En philosophie (démarche de réflexion critique et du questionnement sur le monde, la connaissance et l'existence humaine. Elle peut-être comme une recherche de la vérité, du sens de la vie, du bonheur). La notion d'esprit est au cœur des traditions dites spiritualistes. La mystique juive, depuis le IIe siècle, considère que l'homme possède, en plus du corps physiques plusieurs âmes. Les néo-platoniciens juifs : Abraham Ibn Ezra et Abraham bar Hiyyah Hanassi distinguent trois parties : nêfesh, ru'ah, neshamah. Les kabbalistes ajoutent hayyah, yehidah. Les cinq noms de l'âme sont dans un ordre ascendant : la nêfesh (vitalité, double corporel), le ru'ah (souffle, personnalité, anima), la neshamah (le parfum divin, âme supérieure, étincelle divine, spiritus), la hayya (vie divine, équivalent de la Bouddhi) et la yehidah (union, unicité, principe indivisible d'individualité). Si on groupe en un acronyme les initiales de chacun de ces termes on obtient le mot naran-hai, le feu vivant.

Pour qu'en un seul éclair ton irééel devienne mon réel.
J'irai au bout du feu pour toi
Parce que le monde est dans ta main
Je te donnerai mes secrets, mes lois
Parce que tes yeux parlent en fusain.

Le feu qui nous unit ne craint pas l'eau
L'eau qui nous berce a choisi les fleurs
Une à une cherchent la paix, le repos
Protège le prochain bonheur
L'amour de mon amour
Je ne suis qu'une femme
L'amour de mon amour
Rassure mon âme.

Mon corps s'ouvre à ta voix
Voleur des mille et un diamants
Et toutes tes nuits ont des portes, en y entrant
J'ai choisi de jeter toutes les clefs, pour être encore une fois

Libre, libre et heureuse
L'amour de mon amour.
Viens, maintenant il fait jour
Libre et libre, oui j'ai couru fugueuse
Pour me cacher en toi
Au beau milieu de tes bras
Encore sentir tes mains sur mes cheveux
Et ton souffle coupé de baisers langoureux.

Je te donne mon cou, et quelques vallées
Surtout mon âme et beaucoup de mes secrets
Je n'attends rien en retour, juste ton sourire
… Et tes baisers, avant de partir.

Donne-moi toutes les promesses que tu tiens dans ton anneau[57]
Chevalier du matin, de la nuit, des nefs des rois et des bateaux
Ton amour traverse les siècles éternels
L'amour de mon amour c'est elle : comme moi, fidèle.

Il y aura toujours cet océan ; ces fougues et ce vent
Ce feu pris capturé, d'où la douleur est éteinte
La peur du doute…
L'attente constante de ton étreinte
La rencontre noble au carrefour des routes
Et l'absence de temps.

L'amour de mon amour,
Parle dans la nuit du vent et du jour,
Parle dans le jour du souffle et de la nuit.
Tu es le moment, l'instant infini, enfin réussi.

---

[57] L'anneau du roi Salomon, le serviteur de Salomon entre dans une boutique et dit au joailler : « *Le roi désire une bague qui rende triste quand on est heureux et heureux quand on est triste …* / Il prit une des bagues qui était sur la table et y grava quelque chose en hébreu / Le serviteur donna au roi Salomon, la bague d'une main tremblante … Une légende arabe rapporte l'existence d'un démon nommé Sakhr. Celui-ci régna à la place du roi pendant 40 jours, ou 40 ans. Puis, il jeta l'anneau à la mer. Un poisson avala l'anneau, puis péché il arrive dans l'assiette du roi Salomon qui retrouve ainsi son anneau.

Ces journées, ces nuits ne cessent d'alterner la vie
Alors je prends ta main et je t'emmène au pays des humains[58]
Et tu découvres dans mes yeux, nuit puis matin.

L'amour de mon amour,
C'est enfin et surtout
L'amour de ton amour
Porté par un vent lent et doux.
Qui renvoie les fleurs des alizés
En courant sur l'unique premier baiser.

Notre amour est protégé
Par tous les regards des fées
Et tous les enfants font la ronde du soleil
Et tous les soleils font la ronde des enfants
Il y a encore quelques instants pareils,...
À l'horizon endormi dans tes yeux du plus doux amant.

Pourquoi m'as-tu choisie ?
As-tu vu le délice que je veux faire de ta vie ?
Peux-tu mesurer l'amplitude de ce désir foudroyant
Inscrit dans mon sang ?[59]

---

[58] Dans les univers fantastiques, les humains sont souvent nommés ainsi pour les différencier des autres races. Ils sont par exemple une race jouable dans World of Warcraft à l'instar des Orcs, des Trolls, des Elfes de la nuit ou encore des Gnomes. Dans l'œuvre de Tolkien, les Hommes comme Aragorn côtoient les Hobbits, les Elfes, les Nains ou autres races.
[59] Le christianisme a rapidement abandonné les règles de la cacherout et l'interdit du sang issu des noahides est repris dans les actes des apôtres 15 : « *Lorsqu'ils eurent cessé de parler, Jacques prit la parole et dit : [...] je suis d'avis qu'on ne crée pas des difficultés à*

Tu es plus précieux que le vent
Où frissonne les dunes sur le désert
Ou de la première lumière
Que le nouveau-né voit quand il ouvre les yeux sur sa mère.

Et je porte en moi l'amour
De cet enfant qui ne verra jamais le jour.
Et en son nom j'aime tous les enfants de la lumière
Et pour cela, nul besoin de prières[60], ...
Juste l'instant de la vie
Qui grandit dans le creux des jours et des nuits
Sous le même astre : tes yeux qui désormais ne me quittent plus.
Alors souvent je m'allonge nue
Et je suis envahie par les songes d'une étreinte qui porterait ton nom
Ainsi vont les amours de mes frissons.
Et la majesté du monde nous envahit
Avec toute la nostalgie du paradis[61].

---

ceux des païens qui se convertissent à Dieu, mais qu'on leur écrive de s'abstenir des souillures des idoles, de l'impudité des animaux étouffés et du sang. »

[60] Les hommes juifs doivent prier trois fois par jour lors des jours ordinaires : l'office du matin (sha'harit) est inspiré par le patriarche biblique Abraham, l'après-midi (minha) par Isaac et le soir (maariv) par Jacob. Les femmes juives doivent prier au moins une fois par jour, mais sans une longueur fixe. Pour les juifs, il y a une différence entre la prière (en miniane ou quorum) et la prière privée. La prière en communauté est plus désirable, puisque cela permet de pratiquer des rites, comme la lecture du kaddish par exemple, qui ne peuvent être pratiquées sans un quorum. Les synagogues peuvent désigner ou même embaucher un hazzan afin de diriger la congrégation dans les prières.

[61] Ô Yéhoudâh, "plus rutilantes sont les sources que le lait, plus blanches sont les cimes que le lait/Infini est la Vérité. Tout est esquissé ; rien n'est dit/Quel que soit le degré d'intention, d'élévation, de pureté et d'adhésion d'une pensée et d'une vie, la connaissance de la Réalité dans sa totale Vérité n'appartient qu'à "Dieu" seul..." Réf : J. et Ch. Baryosher, Premiers pas vers la kabbale, Édité par Fernand Lanore, Paris, 1995, p.297

Qui prolonge mon Anokhy[62]
Près de toi, j'accomplis ma vie
Et je cherche dans les océans interdits
Le goût puissant de ton infini.
Et je l'ai enfin trouvé
Scellé par le seul baiser qui fait ton éternité ...
L'amour
De mon amour.

---

[62] Je suis.

Pour se créer la plus belle histoire

La vie est mariée à l'amitié,

La vie est mariée à l'amour

Si tu le laisses de côté

Tu perds tes plus beaux jours.

Le soleil de la lune est à la fois son amant, son amie

Et il monte la chercher toujours vers midi

Alors, ensemble ils se racontent leurs histoires d'étoiles[63]

Et quelquefois racontent nos constellations personnelles

Des étoiles qui n'apparaissent qu'une fois tous les mille ans

Dans un espace, sans tourment, un très virginal ciel

Derrière les voiles

Du temps :

De notre temps

Le jour où je t'ai connu

J'ai cru :

Aux matins bleus

---

[63] Le ciel change en permanence : à cause des mouvements de la Terre, comme la Terre tourne sur elle-même, nous voyons défiler le ciel comme si nous étions sur un manège, tout le ciel paraît tourner au fil des heures, autour d'un point voisin de l'étoile polaire. Ceci provoque *"les levers et les couchers"* des astres. De plus, la course de laTerre autour du Soleil nous fait découvrir une portion de ciel différente selon la période de l'année. À cause des mouvements des astres eux-mêmes : le Soleil, la Lune, les planètes, ont un mouvement perceptible au fil des jours par rapport au fond des étoiles. À l'inverse les étoiles à l'extérieur de notre système solaire sont tellement lointaines qu'elles paraissent fixes au cours d'une vie humaine.

Aux nuits de feu
Aux lacs salés qui s'écoulent sur les déserts[64]
Où la lumière chauffe les pierres.

Le feu qui devient fou
Parce que ses baisers étaient doux
L'orage qui devient bleu
Parce que ce jour là nous étions deux…

Et la nostalgie, de cette magie qui fait trembler le vent
Toute une vie j'attends ces instants
Où tu seras mon vent, ma pluie et ma fleur
Et je sais que l'océan n'est pas loin, à quelques heures.

---

[64] Le mot « désert » est dérivé du latin desertum et désigne un lieu vaste et inculte, abandonné, voué à la solitude. Cela concerne autant les forêts inoccupées par l'Homme que les espaces secs. Au Moyen-Âge, le terme avait une connotation religieuse, associé aux retraites, ermitages par opposition au monde. Il existe deux types de désert : les chauds et les froids. Tous ces espaces représentent un tiers de la surface de la Terre.
De l'Égypte à la Terre promise, l'exode : tout le monde a entendu parler de cette émigration du peuple de Dieu hors d'Égypte, sous la houlette de Moïse, jusqu'à la traversée de la mer rouge. Leur objectif était le pays de Canaan. Il guida plutôt le peuple vers le sud, en suivant l'étroite plaine côtière. Il dressa le premier camp à Mara, ou Dieu changea en eau douce de l'eau amère, puis Dieu envoya des cailles puis de la manne. Ensuite Moïse mena Israël encore plus au Sud, vers les montagnes, il fit dresser le camp au mont Sinaï. C'est là que le peuple de Dieu reçut la loi, érigea le tabernacle et offrit des sacrifices. Dans la deuxième année de la sortie d'Égypte, le peuple remonta vers le nord en passant par un « grand et redoutable désert », et arriva dans la région de Kadèsh (Kadèsh-Barnéa) vraisemblablement au bout de onze jours. « […], dans le désert, dans la plaine en face de Souf, entre Pharan Tofel, Labân, Hacéroth et Di-Zahab. Il y a onze journées depuis le Horeb, en passant par le mont Séir, jusqu'à Kadêsh-Barnéa. » Dt, 1.1-2

Ta voix qui murmure la gamme du désir
Tes mains sur moi qui transpirent
Font monter les flots jusqu'aux cieux
Mais cette douleur …, je n'en veux …
Pas !
Je n'écoute que la licorne qui marche au pas !

Je cherche le prénom
De celui qui écoutera mes non
En pardonnant
En aimant.

L'amour est le plus beau rêve
Je te le donne,
Mais demain matin ce rêve,
Tu me le donnes ?

Je cherche la noblesse d'un amour de poète,
Oui, il sera poète.
Et avec moi, il croira à la passion
Celle qui unit à tout jamais nos deux noms
Tu as posé dans mes mains, le diamant de ton sourire
Et est entrée en moi la lumière de ton rire.
Alors tout autour de moi, se posent des colonnes de cristal
Qui explosent à ton seul signal.
Tu es l'étincelle de l'étoile
Qui enflamme le ciel et embras(s)e la Terre
Prononcer ton prénom est la plus simple prière.

Et je crois au silence majestueux de ta bouche
Quand elle se fait main.
Viens, encore ce soir j'ai fleuri ta couche
Avec de la soie et du satin.
Mais en vérité, j'espère bien de ces fleurs[65] être la plus belle
Pour que ton amour se rappelle d'une vie éternelle.

Et je crois en toi, avec mon cœur, mon corps, ma poésie
Qui forment à eux trois, vers toi le protecteur esprit.
Ma poésie pour toi est une certitude d'amour
Qu'elle puisse te pénétrer, comme te pénètre le jour.
Mes rayons sont des rimes parfois embrassées
Qui courent jusqu'à ta porte, jamais fermée
Tu es l'ouverture, du soleil, de la liberté
Tu es ce qui de moi, est un être secret
Qui parle exclusivement Calliope
Pour lui dire, combien tu es aimé.
Promets-moi juste la présence de tes yeux, de tes mains, de tes bras
Et je t'aimerai plus fort que la première fois
De l'enfant qui sourit tout bas

---

[65] La Fleur de Vie est une belle représentation de la création et la croissance de tout ce qui vit sur Terre. La nature donne vie et fait grandir. Le cercle qui entoure la fleur de vie représente la membrane protectrice d'une cellule, la vie s'exprimant au travers d'un corps englobé par une enveloppe matérielle. Sans son cercle, la fleur de vie devient libre et symbolise la vie infinie, en d'autre terme le développement infini des cellules. Elle représente donc la parfaite correspondance de phénomène d'expansion et d'énergie vitale universelle. La fleur de vie peut être trouvée dans toutes les religions majeures du monde. Elle est un symbole universel de protection, d'harmonie, de créativité, de fertilité, d'ancrage, d'abondance. En Égypte, « la fleur de vie » peut être trouvée dans l'ancien temple d'Abydos. En Israël, elle peut être trouvée dans les anciennes synagogues de la Galilée et dans Massada, mais aussi en Inde, en Europe, en Afrique, en Amérique latine, en Chine ...

Quand il sent l'amour envahir son territoire.
Entre nous, il n'y aura jamais de départ
Quoiqu'il arrive, tu goûteras le fruit qui s'appelle croire
Après la pomme de la connaissance
Viendront les charmes qui remplissent les silences
Le fruit de la douce abondance :
La grenade[66] et le miel
Dans un délice où l'exploit de nos amours fidèles
Rejoindront le sourire de l'Éternel.

Que je pourrais admirer sur ton visage
Puisque : *"Dieu créa l'homme à son image ;*
C'est à l'image de Dieu qu'il le créa.
Mâle et femelle furent créés a la fois."[iv]
Voir l'amour dans les yeux qu'Elohim t'a donné
C'est voir toute la création dans un moment figé
Et sur les rives du premier océan
Tu seras semblable à l'amant que j'attends.
Tu es cet homme, qui me fait toucher le printemps.
Tu es ce regard, qui m'ouvre les clairières.
Tu es l'ami de la licorne qui court dans la primevère.[67]

---

[66] Dans la Bible, la grenade passe pour l'un des sept fruits importants qui étaient une bénédiction pour la terre d'Israël. Selon la description dans le livre de l'exode : « *Tu adapteras au bord, tout autour du bord, des grenades d'azur, de pourpre et d'écarlate, et des clochettes d'or entremêlées, tout à l'entour.* » (Ex, 28.33)
Les châpiteaux des deux colonnes en minerai, Jachin et Boas devant le temple de Salomon étaient décorées de deux rangées de grenade. Le premier roi d'Israël, Saül, habita un certain temps sous un grenadier.

[67] La Primevère commune des jardins est une des fleurs du printemps (primo vere signifie au début du printemps.) C'est une plante vivace, elle fleurit de février à mai. Les primevères sauvages se présentent en ombelles au sommet d'une longue tige, sont

Avec toi, je reprends confiance dans la force des fleurs
Qu'aucun vent n'a encore jamais arrachée de la terre ...
Qui grandissent dans le silence du creux, du chœur
Du centre du monde.
Sous tes mains, toutes les fleurs deviennent fécondes
Tu es la première puissance de la vie
Le premier sourire, au sortir de la nuit.
Le premier baiser du tout premier jour du commencement
De notre amour, le premier fragment qui chante jusqu'à l'océan.
Alors que la lumière vient de jaillir
"Dieu appela la lumière Jour [qui ne demande qu'à ressurgir],
Et les ténèbres, il les appela Nuit. Il fut soir, il fut matin
[Et ce n'est pas si loin],
—un jour."[v]
Et la clarté se fit vent

Posant ton sourire sur mon temps
Et le vent se fit amour
Pour la première union
D'Adam et Ève la fusion.
L'amour qu'ils connurent
Était probablement le plus pur
Le serpent dormait sur le pommier
Qui l'a réveillé ?
La lumière, un instant s'est arrêté
Et la voix de Lucifer a parlé :
"Le serpent dit à la femme :

également connus sous le nom de coucous. Dans le calendrier républicain français, le premier jour du mois de Germinal, est officiellement dénommé jour de la Primevère.

[Qui connaissait bien les âmes]
Non, vous ne mourrez point :
Mais Dieu sait
Que, du jour où vous en mangerez,
Vos yeux seront dessillés,
[Et vous serez comme le créateur initial],
Connaissant le bien et le mal.[vi]"

Le mauvais esprit ne put rien contre la création de l'amour
Et chaque matin, voit s'écouler la rivière des longs jours
De la première à la finale,
Goutte de lumière.
Pour respecter la Terre.

Dieu était toujours bienveillant et savait que cela se passerait ainsi
Ainsi Adam et Ève ne furent que subjectivement punis ...
La mortalité physique est-elle une condamnation ?
Dès lors, que les âmes viennent et vont
Les cieux infinis
Contiennent dès lors toutes les vies
Et les anges sont là doux et puissants
D'un monde à l'autre naviguant.

Ils soufflent dans l'oreille des vents
La croyance en l'écoulement de la vie
L'alternance des quatre saisons, telle l'enfer et le paradis
Les hommes et les femmes évoluent de la souffrance au plaisir
Et dans un rayon de soleil imaginent de Dieu, le rire.
Ses larmes sont allées pour l'horreur des guerres

Le jouet de certains hommes qui préfèrent leur orgueil à la prière.
Il nous reste cependant un espoir, la configuration de l'univers[68]
Vers d'autres montagnes, d'autres rivières
Mais jamais aussi bleues, aussi claires
Que les merveilles de la Terre.
Et, si la licorne existe depuis si longtemps
Ne serait-ce que parce qu'elle a appris à se coucher dans le vent
À galoper parmi les fleurs du soleil levant,
Et tu sais, il y aura des licornes, tant qu'il y aura des fleurs
Alors, toute ma vie, j'ai promis de protéger les fées, rieuses de bonne heure
Qui font jaillir de leurs doigts argentés,

Toutes les fleurs du monde entier.
Il y en a une en particulier : la fleur de l'amour, tulipe ou rose rouge
Elles se lèvent chaque aube et dans le vent bougent,

Lentement
Elles sont si vivantes qu'elles devinent les amoureux
Elles sont si surprenantes qu'elles attisent le feu
Lorsque tes yeux choisissent enfin d'arrêter le temps
Dans ces moments là, tu me parles doucement
Et tu me prolonges lentement

---

[68] La cosmologie cherche à appréhender l'univers d'un point de vue scientifique, comme l'ensemble de la matière distribuée dans l'espace-temps. Pour sa part, la cosmogonie vise à établir une théorie de la création de l'univers sur des bases philosophiques ou religieuses. Pour des raisons de cohérence avec les observations, après l'ère de Plank, le modèle du Big Bang privilégie aujourd'hui l'existence d'une phase d'inflation cosmique, très brève mais durant laquelle l'Univers aurait grandi de façon extrêmement rapide. C'est à la suite de cette phase que l'essentiel des particules de l'univers aurait été créé à une haute température, enclenchant un grand nombre de processus importants qui ont finalement abouti à l'émission d'une grande quantité de lumière, appelée fond diffus cosmique.

Tu t'allonges en moi
Et je regarde les étoiles encore une fois
Pour ne plus jamais voir que toi.
Et tu deviens le roi
Qui sait faire taire les guerres
Et qui chante quand se lève la lumière.

Le soleil a un nouvel ami : toi
Les licornes ont pour se cacher de nouveaux émois
Et la vie circule d'ici de là
Comme une nouvelle semaison
Dont tu es le premier et dernier horizon,
Et, cela est bon.

C'est pour cela que j'y crois
Parce que le plaisir et l'implosion de l'univers entrent en moi
Et parce que tu es le chef d'orchestre, de cette symphonie[69]
Tu fais surgir, de chaque pierre la vie …
En regardant la Terre
Tu m'extrais de la poussière.
Et je joue avec les lutins
Du matin,
Qui tous les jours me parlent de toi
Tu seras toujours mes premières fois.
Le bateau blanc

---

[69] Une symphonie est une composition instrumentale savante, comprenant plusieurs mouvements. Provenant éthymologiquement du grec syn, signifiant avec et phônê, signifiant voix ou son, le terme fait référence à la consonance des sons.

Au bout de l'océan,
L'océan
Au bout du bateau blanc.
Et comme les oiseaux, j'y crois
Et aussi, peut-être parce que c'est toi ...

Je t'aime

La nuit valse et je t'aime,
Car tes yeux dansent dans le cercle des étoiles
Un langage providentiel, voire infinitésimal
Et je t'aime
Danse, chante, tourne, tournent farandoles
Je suis ennivrée par tes paroles.
Tu es le matin qui sourit
Au lever de la vie.
Tu es le soir qui murmure
Au silence des murs
Il y a toi.

Toi et les éclats
De chants, de sourires purs
Où les soleils se lèvent
Et là montrent le rêve
Et la nuit[70]
Devient poésie
Alors s'entremêlent

---

[70] Cette période commence par le crépuscule du soir, se poursuit par la nuit complète (défaut total de lumière solaire, qu'elle soit directe ou réfléchie) et se termine par l'aube. Le lever du soleil marque le début du jour. L'événement caractérisant la nuit est l'absence d'éclairage direct par les rayons solaires. La nuit a une grande importance dans toutes les civilisations. Certains peuples animistes interdisent à leurs membres de sortir du village la nuit, sauf pour certaines cérémonies, d'initiation par exemple. Certaines tribus amérindiennes, en pleine jungle amazonienne, ne semblent pas avoir de peurs irraisonnées la nuit. Ailleurs, c'est le royaume des esprits et des génies qu'il faut éviter de troubler.

Et les astres[71] et le feu[72]

Du ciel.

C'est Faust[73], le magicien qui veut

Fermer dans son cœur les cris des Dieux.

La poésie, elle, garde la clé

Du matin, du soleil et de l'éternité

Et si elle n'est qu'amour

C'est qu'elle tend vers le jour

Soit !

Et étale, près de moi

La lumière,

Pour recommencer hier.

---

[71] Un astre est un objet céleste, c'est-à-dire un objet quelconque de l'univers. Ce terme n'est cependant que rarement utilisé pour les galaxies, les amas d'étoiles ou les nébuleuses. Un astre peut être la Terre, le Soleil, une planète ou une étoile.

[72] Le feu représente les passions, l'enthousiasme et les amours. C'est aussi l'esprit, la connaissance intuitive. Symbole de purification et de régénération, le feu porte les objets, les humains et les faits à un état subtil. Symbole sexuel, il désigne aussi l'illumination, car c'est le prolongement de la lumière dont l'action est féconde.

[73] Faust est un magicien de la tradition judéo-chrétienne. Le grand-père de Gœthe interprétait les rêves, sa mère écrivait et racontait des contes. Il s'est passionné pour la littérature ésotérique ; le personnage de Faust est connu pour ses paris avec Méphistophélès et son amour mythique avec Marguerite. Dieu intervient pour donner à Méphistophélès l'autorisation de tenter Faust, car Dieu est sûr que Faust sortira victorieux du pacte. C'est à la huitième scène que Faust boit un philtre. La dix-huitième scène est la nuit de *Walpurgis* : tous doivent rester enfermés chez eux pour éviter les démons qui vont se réunir dans la forêt ; Méphistophélès y amène Faust. Il voit en songe Marguerite. Dans la scène vingt Faust reproche à Méphistophélès de lui avoir caché que Marguerite était enceinte et qu'elle avait tué son enfant. Celle-ci est arrêtée pour infanticide, la scène suivante présente Méphistophélès réjouit de croire l'âme de Marguerite damnée, mais au contraire des voix descendent du ciel disant que son âme est sauvée.

Pour oublier qu'à un moment,

Il y eut le vent

Terrible et froid qui emportait la parole

Alors j'ai cherché ta nuit et ta farandole

Parce que la poésie

M'a dit

Dans le cœur,

En t'admirant parmi les fleurs.

Que la nuit avait laissé place au jour,

Et de la fontaine, aucun détour …

Infini.

Alors, merci.

Je suis près de toi,

Comme toutes les étoiles de l'au-delà[74]

Aucune d'elles ne brillent plus que toi !

Et toute ta constellation fleurit dans mes yeux

---

[74] Serge Brunier, *Science et Vie, L'au-delà du ciel* mis à jour le 19 novembre 2018 : *"Là-haut le divin, ici-bas l'humanité : cette distinction millénaire n'a pas survécu à la lunette des astronomes de la Renaissance. Mais de l'astrologie à la cosmologie, il restait un pas gigantesque à la démesure de l'univers infiniment trop vaste ; l'univers ne se laisse pas emprisonner dans une sphère fut-elle céleste. Il ne s'appréhende pas et ne pourra jamais s'appréhender par la seule observation. Notre vision cosmique est avant tout une conquête de l'esprit. […] Jadis, passé le crépuscule, le ciel s'imposait depuis la Terre plongée dans l'obscurité, les hommes pouvaient contempler et tenter de déchiffrer les signes du ciel. […] Le monde d'alors étant coupé en deux, là-haut le divin, la transcendance, l'éternité, ici-bas, l'humanité, la contingence, l'impermanence. […] Lorsqu'Eschyle levait les yeux vers la nuit d'Éleusis, il contemplait des constellations que Virgile admirerait cinq siècles après, et ce sont toujours les mêmes étoiles qui inspireraient Arthur Rimbaud dans son « errance ? », mille ans plus tard encore ».*

L'un dans l'autre nous sommes heureux
Dans nos mots, nos regards
Et toutes ces histoires
Où tu es la voûte d'or d'une conclusion jamais finie.
Je me promène au milieu de ces marbres[75] Calacatta, blanc veiné de gris
En de silencieuses colonnes qui montent jusqu'à l'amour
Que nous bâtissons, premiers franc-maçons[76] du premier jour.
Alors nous déclinons toute appartenance, sauf à la vie
Nous serons des amants vivants, au plus profond de l'infini.

---

[75] Il existe de multiples sortes de marbre : le marbre africain, le marbre blanc de Thassos, le marbre bleu de Turquie, le marbre Botticino, le marbre de Calacatta (variété de marbre italien, généralement blanc, veiné de gris), les veinures du Calacatta oro, plus rares sont jaunes pâles, le marbre de Carrare, le marbre rouge incarnat de Caunes, le marbre de Paros, le marbre de Saint-Béat, le marbre de Yule, le marbre du Proconnèse, le marbre griotte rouge de Belgique, le marbre jaune antique, le marbre jaune de Sienne, le marbre Napoléon-rosé, le marbre noir de Theux, le marbre Portor, le marbre vert de Maurin, le marbre vert de mer, le marbre vert de Prato, le marbre vert de Suède, le marbre vert d'Estours, les marbres et pierres de Wallonie, et le marbre noir de Golzinne.

[76] Il semble presque impossible de donner une définition unique de la franc-maçonnerie. Il y aurait autant de définitions que de franc-maçons. Parmi les plus célèbres franc-maçons, on peut mentionner Benjamin Franklin, Voltaire, Frédéric II, Johann Wolfgang von Gœthe, Wolfgang Amadeus Mozart, Georges Washington, Jules Ferry, Théodore Roosevelt, Simón Bolivar ou le duc de Kent. La franc-maçonnerie emprunte beaucoup de ses symboles à l'art de bâtir par les bâtisseurs de cathédrales du moyen-âge qu'elle considère comme ses prédécesseurs et dont elle a hérité la notion même de loge. Hiram, architecte du temple de Salomon amorce une rupture avec la tradition avec des thèmes symboliques explorés aux degrés suivants : comme l'alchimie, la tradition chevaleresque et la kabbale. Chaque maçon est libre de se dévoiler mais ne peut dévoiler un autre maçon vivant (Alain Baver et Roger Dachez, *La franc-maçonnerie*, PUF, coll. Que sais-je ?, 2013 et 2016, 2ème édition, 128 p.). La franc-maçonnerie durant la 2nde guerre mondiale avait pour loge belge « *liberté chérie* », elle est connue pour avoir existé durant un an, dans le camp de concentration d'Esterwegen. Le myosotis, est un emblème maçonnique, elle rappelle dans ce contexte particulier le souvenir de tous ceux qui ont souffert au nom de la franc-maçonnerie, surtout durant la période nazie.

Et si je t'aime aujourd'hui, c'est parce qu'hier
Tu es venu les mains nues, le regard totalement clair
Où j'ai voyagé sur les arpèges de tous les oiseaux de ton cœur
J'ai découvert la joie du soleil, les clairières et les couleurs
Où la licorne s'empresse de nous entourer des fleurs de la forêt
Car la naure est proche de l'humanité
Dans cet abri, fait de bois et de ruisseaux,
Partout de ta voix, j'entends les échos.
Ils deviennent ma symphonie nocturne chaque fois que la nuit s'allonge
Et je côtoie, certains des inconnus songes
Les falaises deviennent des nuages
Et laissent les océans envahir tous nos paysages.
Nous sommes, ensemble dans la mer comme deux enfants innocents
Tandis que je t'embrasse, tu joues avec mes cheveux dans le vent
Tandis que tu m'embrasses, je pose un repaire sur le premier rocher
La mer sera toujours empourprée
Protecteur, unique rempart face aux déchaînement des flots.
Qui s'allongent en déferlantes paroles et quelque mots.

Nous assistons aux amours passionnels des sirènes[77] et des tritons[78]
Et la houle qui se mêle à tes baisers pleure avec nous jusqu'à l'horizon

---

[77] De nombreuses légendes européennes font état de sirènes, vivantes non seulement dans la mer, mais aussi dans les rivières et les petits cours d'eau. Elles portent le nom de sirènes ou des noms vernaculaires : ondines, nixes dans le domaine germanique, dragas ou donas d'aiga, dames d'eau en occitanie, mais leur description est généralement conforme à l'imagerie traditionnelle : des êtres moitié femme et moitié poisson. Selon certains récits, elles sont immortelles. Elles veulent aimer et se faire aimer par un humain (*La petite sirène* d'Hans Christian Andersen).
[78] Dans la mythologie grecque : divinité marine descendant du dieu Triton (fils de Poséidon et d'Amphitrite) représentée avec une figure humaine et une queue de poisson dont

Nous sommes deux grands enfants
De l'océan, de la terre et du vent.
Et si je t'aime comme le veut l'éternité
C'est toujours pour enlacer ta vie et scinder d'or, tous tes secrets.

Je t'aime car ton visage est le miroir des multiples merveilles
Je te savoure dans la lumière du soleil
Je t'espère dans le creux des nuits
Et toujours en mon esprit, tu me souris.
Tu as la noblesse d'un roi
L'innocence d'un enfant
Et je suis la plus heureuse quand tu viens chez moi,
Je t'attends depuis tellement de temps...
Qu'est-ce à dire de l'éternité ?
Qu'est-ce à dire de la volupté ?
Ton regard pénétrant m'inonde au plus profond plaisir
Et entre nous, tout n'est qu'amour, pensées et rires...
Je suis heureuse de tous tes sourires
Je suis heureuse de tous tes gestes, tournés vers Hébron[79]

---

l'attribut est une conque (du latin concha « coquillage », lui-même du grec ancien Kógkhê au son retentissant. Équivalent des sirènes.

[79] Hébron, en hébreu Hevron et en arabe Al-Khalil est une ville importante palestinienne de Cisjordanie, dans la région des monts de Judée, au sud de Jérusalem. C'était une ancienne ville cananéene avant d'être conquise sur les philistins par la tribu de Juda, et de devenir le lieu de couronnement et la capitale du roi David. Considérée comme une ville sainte par la présence du Tombeau des Patriarches, nom donné au bâtiment construit il y a deux mille ans sur les ordres du roi Hérode Ier le Grand au-dessus de la grotte de Machpela où auraient été enterrés Abraham et sa famille il y a trois mille cinq cents ans.

Je respire dans la ville les parfums orientaux de tous tes prénoms :
Doux, comme le plus ancestral miel
Accueillant tous les oiseaux du ciel,
Vivants dans le secret des rois
Pour toujours me rapprocher de toi
Intelligent, sensible et surprenant
Dansant autour du temple, pour célébrer l'arche.
Alors, épanouie d'amour je jouis de ta démarche
Aux confins les plus troublants de tous les vents.

Je ne saurai jamais qui tu es
Et pourtant je te connais depuis tellement d'années.
Mais cela est-il important ?
Seule compte la vérité de ton cœur
Et de toutes ces fleurs
Qui caressent tes pas
Pour les rapprocher chaque jour un peu de moi.
Je te reconnais au bleu-or de la nuit
Aux parfums de ta bouche et de tes bras inouïs.
Tu es de tous la beauté, la plus sacrée
Le cheval que l'on ne domptera jamais
La rivière qui ne cessera de couler
L'arbre qui lentement ne demande qu'à pousser.

Je rêve de toi, au beau-milieu des fleurs et des rivières
Je rêve de toi, dans un chemin de lumière
Je rêve de toi, pour fuir la poussière
De l'impie

Tu deviens instant après instant le roi de l'infini
Et aussi de mon infini
Alors je te laisse découvrir mon grand et mon petit
Mon matin et ma nuit
Pour que tu ne m'abandonnes jamais.
Car je suis une rose qui t'est liée.

Je dors près de toi
À chaque instant[80] où tu n'es pas là
Et dans mes nuits les plus profondes
Je sens en quelques secondes
Immortelles et non chaotiques
La surprise d'un amour magique.
Tu es l'arbre blanc
La fleur sous le vent
Mes plus beaux instants

---

[80] L'instant est le produit de la projection du présent dans la série successive des temps, c'est-à-dire que chaque instant correspond à un présent révolu. Le présent lui-même est cependant à son tour une abstraction, puisque personne (?) ne vit un présent pur. Le vieillard doit savoir jouir du récit de sa propre vie, lorsqu'elle a été réussie. Vladimir Jankélévitch rappelle cependant que nous avons tous ce viatique mélancolique pour l'éternité à défaut d'être toujours, rien ne fera que nous n'ayons pas été. Les grecs ont cherché à immortaliser leurs actions par la gloire, dont la condition était une vie brève, mais héroïque. Il existait dans le panthéon grec, un dieu Kairos, maître du moment opportun ; il est un petit dieu ailé de l'opportunité, qu'il faut saisir quand il passe. Quand le dieu Kairos passe à notre proximité, il y a trois possibilités : on ne le voit pas, on le voit et on ne fait rien, au moment où il passe on tend la main, on « saisit l'occasion aux cheveux » et on saisit une opportunité. Le kairos est le temps du moment opportun. Il qualifie un moment. Le Kairos, une dimension du temps n'ayant rien à voir avec la notion linéaire de Chronos (temps physique), pourrait être considéré comme une autre dimension du temps créant de la profondeur dans l'instant. Une porte sur une autre perception de l'univers.

Où je vis deux fois tout le temps
Un temps pour toi,
Un temps pour moi
Et dans l'amour le plus doux nous nous confondons
Tu deviens à toi seul, l'horizon de mon horizon ;

Il se fera un jour
Où tu seras illuminé par mon amour.
Alors j'aurais accompli mon destin
Et il n'y aura pour m'applaudir que tes mains.
L'espace résonne partout de toi
Et ton vent se couche sur moi
L'unification des quatre points cardinaux
Sur le seul et unique bateau
De tes voyages oniriques
Sur tes yeux fantastiques et magiques.

Du regard, tu commandes la lumière
Et tu poses sur chaque étoile, une prière.
Mais qu'en est il de la prière de l'amour ?
Celle qui fait galoper le jour.
Je la chante toutes les nuits
Sans connaître les mots
(Simplement parce que tu es solennellement beau)
Mais simplement la mélodie.
Ton nom est un chant, une sculpture, un frisson...
De Jérusalem jusqu'à Hébron
Je ne détournerai le regard de toi

Car tu es mon être-là, mon au-delà
Tu es ma légende, vivante
Et toute ton histoire est présente
À mon cœur,
À toutes heures.

Depuis toi, le temps n'existe plus
Ton âme habite mon corps nu
Et le plaisir que tu me donnes
Est plus doux, que le dernier soleil
Alors, l'agneau au loup pardonne
Accompagné d'un crépuscule vermeille.
Toutes les fleurs du monde sont ta couronne
Et tous les oiseaux qui s'y posent, fredonnent
Le chant de l'inconnue que le roi David aima
Au-delà de toutes celles qui rêvèrent de ses bras.

Peut-être l'intemporelle licorne les protège sur les vallées de Bethléem
Et le murmure dès lors incessant frôle tout bas : "je t'aime."
"Les serviteurs de David vinrent trouver Abigaïl à Carmel,
[Femme d'une candeur exceptionnelle]
Et lui dirent
[Qu'à David était son avenir] :
"David nous a envoyé toi,
[Son authentique choix],
Voulant te prendre pour épouse [par choix d'amour]."[vii]
Près de lui, elle chanta ses plus beaux jours.

Mais David eut d'autres femmes dans ses bras

Et personne ne put dire qui il aima

Pour qui il joua de la lyre,

Au doux moment du coucher

Il fut pour les hommes, comme pour les femmes "le bien aimé."

Et, fondateur d'Israël de tout un avenir ...

Table des matières

Références bibliographiques

[i] Gn, 1.3
[ii] Gn, 1.2
[iii] Ct, 1.14
[iv] Gn, 1.27
[v] Gn, 1.5
[vi] Gn, 3.4-5
[vii] 1Sm, 25.40